[用股权智慧构建企业核心竞争力]

股权资本

企业股权设计与运作实战方案

姚宇峰◎著

中国经济出版社
CHINA ECONOMIC PUBLISHING HOUSE
·北 京·

图书在版编目（CIP）数据

股权资本：企业股权设计与运作实战方案/姚宇峰著.
—北京：中国经济出版社，2019.5
ISBN 978-7-5136-5392-3
Ⅰ.①股… Ⅱ.①姚… Ⅲ.①上市公司—股权管理—研究—中国
Ⅳ.①F279.246

中国版本图书馆 CIP 数据核字（2018）第 229474 号

策划编辑　牛慧珍
责任编辑　贾轶杰
责任印制　马小宾
封面设计　任燕飞

出版发行　中国经济出版社
印 刷 者　北京柏力行彩印有限公司
经 销 者　各地新华书店
开　　本　710mm×1000mm　1/16
印　　张　12.75
字　　数　130 千字
版　　次　2019 年 5 月第 1 版
印　　次　2019 年 6 月第 2 次
定　　价　48.00 元
广告经营许可证　京西工商广字第 8179 号

中国经济出版社 **网址** www.economyph.com **社址** 北京市西城区百万庄北街 3 号 **邮编** 100037

本版图书如存在印装质量问题，请与本社发行中心联系调换（联系电话：010-68330607）

推荐序

PREFACE

股权顶层设计是企业与资本共舞的重中之重，优化股权结构、规范公司治理是企业可持续发展与上市挂牌的需要，市值管理是股权增值的重要手段，股权激励是与优秀人才结盟的工具，股权融资是解决资金需求的保证，股权战略是企业做大做强的核心和企业全球化的最佳选择，股权重塑商业模式从另一个角度说明了股权的力量，股权投资是赢得财富的首选途径。

移动互联网时代，全新的商业模式和资本思维正在颠覆着传统的股权形式。《股权资本——企业股权设计与运作实战方案》一书以通俗易懂的语言围绕股权管理六大方面，结合经典案例，总结实战方法和运用技巧，看得懂、学得会，非常适合希望通过股权管理规范公司治理结构、开辟新的融资和投资渠道、提升公司市值、实现股权增值的企业老板、股东及高管阅读。

这是股权时代一部实用性很强的读物！它的出版发行，我为之高兴！

大连理工大学公共关系与法学院前院长 陈树文

经济学博士 2018.4.16

前　言

FORWORD

股权资本：重塑中国企业发展新力量！

作为企业老板，你还在为如何锁住人才而烦恼吗？还在为企业缺少资金而发愁吗？还在为企业的管理失效而恼怒吗？还在为合伙创业的稳定性而担心吗？试试股权资本运作。股权资本，是重塑中国企业发展的新力量！

股权时代一个最显著的特征就是股权创富。股权之所以能够创造财富，是因为股权具有资本属性，它汇集了众人之智、众人之才、众人之资，使企业能够锁住人力资源，化解合伙企业存在的矛盾，从而形成事业共同体、利益共同体、命运共同体；它平衡了法人治理结构中各方的利益，协调了企业各集团的利益关系；它开拓了企业投融资渠道，有效地解决了企业资金短缺问题；等等。

作为新生事物，股权资本在具体实施中比较复杂，不但涉及法律层面，更涉及企业管理和财务运作等各个方面。大多数公司管理者对股权资本只存在模糊认识，而对股权资本的实施条件、操作方式、影响等问题尚没有清晰的了解。为帮助企业对股权资本有更进一步的了解，以及对股权资本“如何运作”的问题做出决策判断，《股权资本——企业股权设计与运作实战方案》一书围绕股权结构、公司治理、市值管理、股权激励、股权融资、股权投资六个方面，将股权这一抽象的概念具体化、实用化，内容由浅及深、循序渐进，通过一揽子方案、案例，为老板、股东及高管解决企业在人才、资金、资源等方面遇到的难题。

目 录

CONTENTS

第一章 重塑基因：优化股权结构，规范公司治理 ……… 001

一、优化股权结构 …………………………………… 003

1. 股权结构与公司治理的关系 ………………………… 004

2. 不合理股权结构存在的问题 ………………………… 006

3. 股权结构优化的方式 ……………………………… 009

4. 股权结构优化设计原则 …………………………… 010

5. 创业公司应规避的股权风险 ………………………… 013

6. 防止“野蛮人”侵入 ……………………………… 018

二、规范公司治理 …………………………………… 021

1. 公司治理结构的内容 ……………………………… 021

2. 上市公司规范治理常见问题 ………………………… 023

3. 完善公司治理结构，加强规范运作管理 …………… 032

第二章 锁住“七寸”：打造股权顶层模式，踏入资本市场路 ……………………………………… 037

一、合伙人股权设计 ………………………………… 039

1. 定结构 …… 040
2. 定规则 …… 044
二、控股权与相关比例：避免均分、过于分散 …… 047
1. 绝对控制：67% …… 048
2. 相对控制：51% …… 048
3. 重大事项一票否决：34% …… 049
4. 要约收购：30% …… 049
5. 临时股东（大）会召开和解散公司：10% …… 050
6. 上市公司重大股份变动：5% …… 051
7. 临时提案：3% …… 052
8. 代表诉讼：1% …… 052
三、法人治理结构："三会一层"的组成 …… 055
1. 法人治理结构的组成 …… 055
2. 建立法人治理结构的原则 …… 056
3. 法人治理结构要解决的基本问题 …… 057
四、一致行动人：保障企业的实际掌控 …… 059
1. 一致行动人的界定 …… 059
2. 一致行动≠关联关系 …… 061
3. 股权融资中的一致行动人 …… 061
五、高段位控制：资本源的博弈 …… 063
1. 什么是企业的关键资源？ …… 063
2. 什么是关键资源能力？ …… 064
3. 股权融资中的关键资源控制 …… 065
六、股权结构和期权池 …… 068
1. 股权分配最简单的算法 …… 068

2. 如何设置和控制期权池 …………………………………… 069

第三章　击碎瓶颈：通过股权融资，解决资金需求 ……… 073

一、风险投资 ………………………………………………… 075
二、私募股权融资 …………………………………………… 079
1. 业绩对赌条款 ………………………………………… 082
2. 一票否决权 …………………………………………… 082
3. 反稀释条款 …………………………………………… 083
4. 回购权（回赎权） …………………………………… 083
5. 共同出售权 …………………………………………… 084
6. 强卖权 ………………………………………………… 084
7. 优先购买权 …………………………………………… 085
8. 陈述与保证 …………………………………………… 085
三、上市融资 ………………………………………………… 087
四、企业股权融资的关键五步 ……………………………… 091
1. 融资前的准备 ………………………………………… 091
2. 对接投资人——路演 ………………………………… 095
3. 尽职调查准备 ………………………………………… 097
4. 投资谈判和投资协议的重点 ………………………… 100
5. 签订投资合同 ………………………………………… 102
五、避开股权融资协议里的致命陷阱 ……………………… 104
1. 财务业绩：设定业绩增长幅度 ……………………… 104
2. 上市时间：注意“有条件恢复”协议 ……………… 104
3. 非财务业绩：加入柔性条款 ………………………… 105
4. 关联交易：与业绩补偿行为相矛盾 ………………… 105

5. 债权和债务：债权债务赔偿公式 …………………… 105
6. 竞业限制：与公司业务相竞争的业务 …………… 106
7. 股权转让限制：将股权限制条款写入公司章程 ……………………………………………… 106
8. 引进新投资者限制：限定股份认购价格 ………… 107
9. 反稀释权：注意相关法律法规 …………………… 107
10. 优先分红权：按投资金额优先分红 …………… 107
11. 优先购股权：PE、VC 优先于其他股东 ………… 107
12. 优先清算权：PE、VC 利益得到保障 …………… 107
13. 共同售股权：PE、VC 的另一条退出路径 ……… 108
14. 强卖权：很有可能导致控股权旁落 …………… 108
15. 一票否决权：只适用于有限责任公司 ………… 108
16. 管理层对赌：对公司管理的控制 ……………… 109
17. 回购承诺：只享受利益不承担风险 …………… 109
18. 违约责任：违约造成实际损失 ………………… 110

第四章　激励有道：用股权汇集天下智本 ……………… 111

一、股权激励的影响与实操 ………………………………… 113
1. 股权激励对企业的影响 …………………………… 114
2. 选择员工持股类型 ………………………………… 115
3. 员工持股操作的十大关键问题 …………………… 116
二、常见员工股权激励方式解析 ………………………… 118
1. 股权期权的全面分析 ……………………………… 118
2. 限制性股权的全面分析 …………………………… 119
3. 股票增值权的全面分析 …………………………… 121

4. 虚拟股权的全面分析 …………………… 121
5. 业绩股权的全面分析 …………………… 123
三、股权激励的道与术 …………………… 124
1. 确定激励对象范围 …………………… 124
2. 综合确定激励力度 …………………… 125
3. 按激励层面确定激励方式 …………………… 125
4. 按企业战略确定股价增长机制 …………………… 126
5. 综合激励周期 …………………… 127
6. 签署授予协议，细化退出机制 …………………… 128
四、创业公司的股权激励解决方案 …………………… 129
1. 初创公司应尽可能多地将股份分给员工 ………… 129
2. 长期资本利得税率低于一般收入税 …………………… 130
3. 让员工持股，让员工安心 …………………… 131
五、非上市公司的股权激励解决方案 …………………… 134
1. 选择虚权与实股相结合的股权激励工具 ………… 134
2. 激励额度分配要兼顾历史，牵引未来 …………………… 135
3. 确保控制权集中，谨慎赋予投票权 …………………… 135
4. “分蛋糕”的同时强调绩效约束 …………………… 135
六、股权激励模式的利弊分析 …………………… 138
1. 上市公司 8 种股权激励模式及其利弊分析 ……… 138
2. 非上市公司 4 种股权激励模式的关键点和利弊分析 …………………… 143
七、实施股权激励，推动企业整体向上发展 ………… 146
1. 股权激励的主要作用 …………………… 146
2. 股权激励存在的主要问题 …………………… 147

3. 把握股权激励的关键 …………………………… 150

第五章 企业破冰：实现股权增值，注重市值管理 ……… 153

一、股权价值与企业价值的区别 …………………… 155
1. 企业价值表达的两种方式 ……………………… 155
2. 股权价值与企业价值的区别 …………………… 156
3. 股权价值与企业价值的联系 …………………… 159
二、树立正确的市值管理观念 ……………………… 162
1. 转变旧有的市值管理观念 ……………………… 162
2. 市值管理的三个核心理念 ……………………… 163
三、通过股权互换，实现连锁扩张 ………………… 167
1. 股权互换的作用 ………………………………… 167
2. 股权互换在区域整合中的作用 ………………… 168
四、通过股权整合，实现品牌溢价 ………………… 169
1. 整合的关键是信誉 ……………………………… 169
2. 整合的必要条件是心齐 ………………………… 169
五、股权合并策略，扩大渠道资源 ………………… 171
1. 利用优先股整合融进渠道资源 ………………… 171
2. 渠道O2O布局，实施股权置换策略 ……………… 172
3. 设立大客户股，激励大客户 …………………… 172

第六章 掌控“财命”：股权投资赢得财富……………… 173

一、投资前的准备 …………………………………… 175
二、股权投资收益税收的筹划技巧 ………………… 180
三、股权投资全流程：募集、投资、管理、退出 ……… 183
四、股权投资常见的7种退出方式 ………………… 187
五、投资风险和管控 ………………………………… 190

第一章　重塑基因：优化股权结构，规范公司治理

一、优化股权结构
二、规范公司治理

当下中国公司治理制度顽疾的核心是“一股独大”、公司股权结构失衡及其所带来的股东约束机制不足。要跨过公司股权结构失衡这道坎，一方面，通过立法予以根治，从根本上完善公司治理；另一方面，企业也要强化股东之间的相互制衡，平衡股东会、董事会、管理层在决策权方面的安排，规范员工持股，提高上市公司的透明度，既要防“一股独大”，又要防“内部人控制”。一个成功的公司治理结构模式并非仅限于“股东治理”或“共同治理”，而是吸收了二者的优点，并考虑本公司环境，不断修改优化而成的。

一、优化股权结构

首先我们要明白什么叫股权结构。一般来说，它是指股份制公司中，不同性质的股份在总股本中占据的比例及其相互关系。举个简单的例子：某公司设立时，共3位原始股东，其中A出资500万元，B出资300万元，C出资200万元。不出意外的话，A、

B、C 三人应分别占有 50%、30% 和 20% 的股份及相应权力。这种权力就叫作股权。说到权力，必然匹配着相应的责任。就本例而言，A 股东就至少需要同时对 B、C 两位股东的权力和利益负责。如果是上市公司，还需要对股民负责，反之亦然。这种相互关系及其基石——股权，便是股权结构。

对股份制公司而言，股权结构从根本上影响着公司的治理机制。通过优化公司股权结构解决公司治理的根本性问题，也一直是企业界的焦点所在。在这里，我们从股权结构与公司治理的关系入手，对不合理的股权结构、股权结构的优化设计等问题进行阐述。

1. 股权结构与公司治理的关系

一般来说，公司股权结构与公司法人治理存在紧密的逻辑关联。

公司法人治理又是怎样一个概念？

它是相对于企业的所有权与经营权相分离这一特定情况而言的。当企业的所有权与经营权同为一体时，根本谈不上法人治理。之所以会导致这一特定情况，是因为在现代市场经济中，企业的出资者虽然有资金实力，但往往存在着局限，如不具备专业知识，由其完全控制、管理企业，难以适应市场经济的发展趋势。在这种情况下，企业的所有权便逐渐与经营权相分离，企业所有人会聘请专门的职业经理人进行专业管理。在此过程中，势必要解决有效管理企业与保护企业所有者权利的平衡问题，公司法人治理随之诞生。相应的结构，就叫作公司法人治理结构。

对一家公司而言，无论股权结构相对分散还是相对集中，规范的公司法人治理结构这一原则都概莫能外。但能否根据不同的股权结构，对股东、董事会和经理层各自的权、责、利关系及三者之间有效制衡做出相应的制度安排，对公司发展至关重要。

具体到我国，特别是上市公司，目前公司股权构成对公司法人治理结构的完善具有决定性影响。这是由上市公司股权结构的以下特点决定的：其一，一股独大的现象相当普遍。据统计，截至2017年4月底，全国上市公司中第一大股东持股份额占公司总股本超过50%的有890家，占全部公司总数的79.2%，其中持股份额占公司总股本超过75%的有63家，占全部公司总数的5.62%。而且第一股东持股份额显著高于第二、第三股东。其二，大股东中国家股东和法人股东占压倒性多数，相当一部分法人股东也是国有控股的。统计表明，第一股东为国家持股的公司，占全部公司总数的65%；第一股东为法人股东的，占全部公司总数的31%。两者之和所占比例高达96%。

这种国有股一股独大的现状对公司治理结构的影响不容低估。首先，我国国有资产管理体制正在探索和建立过程中，出资人代表不在位的现象比较普遍，相当多的上市公司仍然直接或间接受行政管理部门的不恰当干预。显然，在我国当前的体制背景下，国有股一股独大是不利于落实规范的公司法人治理原则的。尽快、尽量改变国有股一股独大的现状，降低第一大股东的持股份额，优化上市公司的股权结构，具有很强的必要性和紧迫性。

纵观中国业界，无论是国有资产，还是民营企业，一股独大始终是不容忽视的病根，它损害的是上市公司治理结构和中小股东的合法权益，助长的是“内部人控制”和大股东的“圈钱”行为。

比较典型的例子是ST猴王。

猴王股份从一开始就是为圈钱而生的。当年猴王所在地宜昌流传着人尽皆知的故事：猴王股份获准上市后，公司负责人大宴宾客。酒过三巡，他突然拍桌子大笑起来，说：“证券市场究竟是哪位高人发明的？我真得好好感谢他！以前借钱还要还，现在一上市就有那么多钱，可让我怎么花?”他完全没有法律意识，自身素养自不必提，但一股独大显然也起到了某种催化与助长作用。

当然也要看到，仅就国有资本而言，一股独大并不完全是弊端，我们应摒弃那种人云亦云的流行观点。国内外经验都表明，在股份制公司中，“一股独大”是一个普遍现象、中性现象。高度分散的股权结构也未必是中国国有企业改革的唯一选择。某些时候，用“一股独大”的套话主张大规模稀释国有企业股权，并不是什么真理由，而是一个伪命题，其背后是陷阱和私利。

2. 不合理股权结构存在的问题

股权结构是基础，基础打好了，企业才能层层加高，稳健向上。这正如中国著名天使投资人、真格基金创始人徐小平所说：“一个创业公司，如果一开始股份结构不合理，这个公司一定做不成。”

而现实是，当下中国主流企业不仅存在不合理的股权结构，而且存在着不同的形式，下面列出几种主要形式并综合分析其可能产生的问题，见表1－1。

表1－1 不合理股权结构主要形式及其缺点

股权形式	情况描述	缺点
平衡股权结构	所谓平衡股权结构，是指公司的大股东之间的股权比例相当接近，没有其他小股东或者其他小股东的股权比例极低。在设立公司的过程中，如果不是一方具有绝对的强势，往往能够对抗的各方会为了争夺将来公司的控制权，设置出双方均衡的股权比例。如果这种能够对抗的投资人超过两个，所形成的股权结构就较为科学。但是如果这种能够对抗的投资人只有两个，则将形成平衡股权结构	①容易形成股东僵局，无法形成有效的股东会决议；②容易激化股东矛盾；③容易造成公司控制权与利益索取权的失衡
股权过分集中	在一股独大、一股独霸的情况下，董事会、监事会和股东会形同虚设，“内部人控制”问题严重，企业无法摆脱“一言堂”和家长式管理模式。在公司进入规模化、多元化经营以后，缺乏制衡机制，决策失误的可能性增加，企业承担的风险会随着公司实力的增强而同步增大	①企业行为很容易与大股东个人行为混同，一些情况下，股东将承担更多的企业行为产生的不利后果；②大股东因特殊情况暂时无法处理公司事务时，将产生小股东争夺控制权的不利局面，给企业造成的损害无法估量；③大股东容易忽视小股东的利益，小股东的权利容易受到侵害
股权平均分散	一些公司的多数股东平均持有低额股权，形成了“股份人人有份、股权相对平均”的畸形格局	①管理层道德危机问题较为严重；②大量的小股东在股东会中相互制约，要想通过决议必须通过复杂的投票和相互的争吵。公司大量的精力和能量消耗在股东之间的博弈中

续表

股权事项	情况描述	缺点
夫妻股东	在实践中，该种情况多存在于民营企业。许多民营企业在创业之初即为夫妻共同打天下，公司注册为夫妻两人所有。另外，因工商注册有“公司股东必须为两人以上”的强制性要求，又信不过别人，因此，将公司注册为夫妻两人所有，实质上由一人出资经营	夫妻公司股东结构的优点是意见比较容易统一，不易出现公司管理僵局，但相对来说缺点更多：①夫妻公司经营管理活动不规范，“公”“私”不分，财产混同，存在法人人格被否定的法律风险；②感情和事业不分，一旦夫妻感情出现危机，随之而来的是股权争夺战、公司控制权争夺战；③夫妻共同财产约定不明，夫妻股东真正持股比例不清

经典案例

土豆条款

土豆条款，简单说来就是约定公司创始人的婚姻变动须经公司董事会批准。很显然，这是一个特殊条款。为什么叫“土豆条款”呢？因为它肇始于土豆网。

土豆网原首席执行官王微与杨蕾有过不到3年的婚史，尽管土豆网不是二人共同创立的，但土豆网的5次融资过程和快速发展，发生在他们的婚姻存续期间。2010年3月，二人因性格不合而分手，上海徐汇法院仅调解离婚，未对财产做出处理，这为土豆网的上市埋下了“地雷”。未几，杨蕾向法院起诉分割财产，冻结了王微所持土豆网的主要股份，即将上市的土豆网只好暂停上市步伐。此时王微持股13.4%，若杨蕾成功分得股权，则王微的股权比例必然会大幅下降，其在公司中的大股东地位也将不保，公司控制权更无从谈起。更遗憾的是，由于官司缠身，土豆网丧失了最佳上市良机，其他投资者的利益均遭受不小的损失。自此，投资界吸取教训，前期项目考察时会把项目公司创始人的夫妻关系是否良好作为考察因素，之后又炮制出了所谓“土豆条款”，即投资人要求在股东协议中增加条款，要求他们所投公司的CEO（首席执行官）结婚或者离婚必须经董事会批准，尤其是优先股股东的同意后方可进行。

关于土豆条款是否限制了公司创始人的婚姻自由，我们姑且不必管它，但董事会职权之大，作用之重要，已能从中看出一斑。随着时代的进步，以及资本市场的日益繁复，相信类似的条款还会更多，但所有的条款都是为了保障相应人士的利益，而为了保证自己的最终利益，对于董事会的认识和在董事会中的占位与驾驭必不可少。

3. 股权结构优化的方式

企业在不同阶段，通过调整原股东持股比例或通过吸引外部投资者等方式，优化公司股权结构，可以达到提升公司治理效率，增强企业竞争力，实现股权价值最大化的目的。股权优化的方式主要有以下几种，见表1-2。

表 1－2　股权优化的方式

序号	内容
1	实现股权分散，降低控股比例，变绝对控股为相对控股。目前集团公司“一股独大”现象较为普遍，股权集中度偏高，持股比例过高，因此，应适当减持一定股份，增加其他法人甚至个人股份在公司中所占的比重，实现股权分散，以相对控股方式实现控制而不必绝对控股，同时也可增强股权的流动性
2	实现股权的有进有退。对于集团公司的非主业企业的股权，应本着有进有退的原则实现逐步退出，将辅业由控股变为参股
3	适度引入职工股份，将个人利益与企业利益相捆绑。设立职工持股制度，有利于实现股权多元化，建立新型分配机制，增加企业发展动力。对于经营管理人员，可建立一定的激励体制，根据经营业绩考核情况授予一定的股份。股权激励可以提高员工工作的积极性，并在一定程度上促使包括经营者和生产者在内的企业成员间形成自我监督与相互监督的机制，从而提高工作效率
4	引入外部投资者。在主业领域可引入战略投资者，使其成为公司的第二股东、第三股东，这样有利于建立相互制衡的内部治理结构，改善对资本的控制力，同时也有利于企业的持续发展。战略投资者应选择业务往来密切、交易相对固定的上下游企业或与企业有重大利益关系的合作者。理性而成熟的机构投资者一般投入的资金量较大，持股周期较长，且更看重投资的安全性和长期利益，加之他们拥有较强的研究分析能力和较多的信息获取渠道，因此更有能力去助推企业发展。需要注意的是，外部投资者会同企业签订一系列严苛条款来尽可能降低其在投资过程中的风险，可能会引起外部投资者同原股东对公司控制权的争夺
5	开展股权收购活动，以较少资金控制更大的社会资产。通过股权收购并控股，实现与其他所有制相结合，从而扩大对资本的控制力，用较少的资产控制和运作更大的社会资产
6	实施产权置换。产权置换的目的不仅仅是股权多元化，更重要的是延伸产业链，组成企业战略联盟和战略利益共同体，谋求企业的长远发展。在产权转换时应明确企业的长远发展方向和进入的产业领域，可选择战略优势互补的企业进行产权置换，实现经营的横向一体化或纵向一体化

4. 股权结构优化设计原则

股权结构不合理引发的问题可谓多多，其负面影响基本覆盖了企业战略、组织、业绩成长、人才队伍等各方面。因此，企业家对于股权结构问题要抓住时机，尽快解决，如此才谈得上在后续发展道路上轻装上阵，快速奔跑。

股权结构做得好，能让高管、中层、基层和老板一起沸腾。反之，也会带来负面刺激，还不如不做。

股权结构优化设计是系统工程，牵一发而动全身，要兼顾“天时、地利、人和”三要素，而不是空谈“上下同欲、共创未来”之类的大词。总体来看，股权结构优化要遵循“战略先行、市值导向、结构优化、动态管理”的原则。具体来讲，有以下六个总体思路，见表1-3。

表1-3 股权结构优化设计总体思路

总体思路	内容
重新制定公司战略	依靠外部咨询公司或自主重新审视、制定公司战略，是股权结构优化的首要问题。战略制定的过程，将对以下问题达成共识：公司战略是什么？未来上市规划如何设计？业务结构如何安排？业务竞争策略如何制定？职能战略是什么？研产供销、人力资源、财务管理职能如何培育和完善？战略落地的各项资源如何配置？行动计划如何实施？
快速成长，做大市值	股权结构优化的必要性和价值，除了证监会IPO发审政策等硬性规定外，在经营绩效上也有量化标准。通俗来讲，股权结构优化有以下两个导向：一是推动企业快速成长，体现在财务指标上就是规模迅速放大、盈利能力提高。按照“二倍速”法则，好行业就是二倍速GDP增速，好公司就是再二倍速于该行业增速。从股权结构角度来看，主要有以下几项经验：第一，董事会席位不必过多，5~7席为宜，减少董事会层面相互制衡对快速成长的负面拉动作用；第二，大股东意志通过董事会清晰传达到经营层，在顶层设计、管控体系层面打造一个“快公司”。二是未来做大市值，只有在做大市值的导向下，原始股东才会在稀释股权、转让股权、优化股东背景等问题上展望未来、达成共识

续表

总体思路	内容
战略、产业、资本的思维	企业家在设计股权结构时要更多地体现出战略思维、产业思维和资本思维。在实际操作中，有以下几个建议：第一，在战略规划的过程中同步思考股权结构优化，利用外部股东背景构建一幅战略地图，并设计一个可行的商业模式；第二，上市前、上市后，股权结构应该是一个动态管理过程，引入外部股东、股权减持变现、股权质押融资、股权激励等动作要踩对产业周期、资本市场周期的节拍
引入外部战略投资者	这方面主要有两条建议：第一，在公司内部成立专业部门，在国际、国内两个市场主动研究产业上下游、跨行业的潜在外部战略投资者，做到“主动对话、知己知彼、构建生态、为我所用”；第二，引进外部股东后，让外部投资者通过董事会参与公司治理，用新鲜血液涤荡陈旧风气，坚持自我改善一两年，在财务体系、管理理念、治理结构上争取实现脱胎换骨的改变
上市计划	将启动上市计划作为3~5年企业战略的首要问题。民营企业未来5年最大的战略是上市，但很多企业家在上市这条路上左右摇摆、迟疑不决，就像“小马过河”一样，付出大笔时间成本。无论最终上市与否，启动上市规划，就是对投资者、供应商、客户、上下游企业和员工的一个公开承诺。上市规划传递的是一种做大事业、与大家分享的信心
股权激励，打造人才	汇聚一批产业精英和管理高手，并组建企业内部“中央党校”，打造一支与董事会携手前行的人才队伍。当前实体经济的另外一个趋势是分配模式不断创新。但是无论如何创新，都只有一个导向，就是汇聚产业精英，做大做强企业。从经验来看，主要有两点建议：第一，对高管层、核心中层实行股权激励，吸引并锁定一批业界精英，共赴前程；第二，企业家牵头创建企业内部的“中央党校”，打造一支勇于冲锋、敢于担当、值得托付企业未来的别动队

经典案例

富安娜公司案

富安娜是一家大公司，该公司曾制定并通过了《限制性股票激励计划》，以每股净资产 1.45 元的价格向 109 位员工（高管）定向发行700 万股限制性股票。后者认同并签署了具有约束效力的承诺函。

该函约定：“……鉴于本人在公司任职，且是以优惠的条件获得上述股份，本人在此自愿向公司承诺：（1）自本承诺函签署日至公司申请首次公开发行 A 股并上市之日起三年内，本人不以书面的形式向公司提出辞职、不连续旷工超过七日、不发生侵占公司资产并导致公司利益受损的行为、不发生收受商业贿赂并导致公司利益受损的行为；（2）若发生上述违反承诺的情形，本人自愿承担对公司的违约责任并向公司支付违约金……”

但是在公司上市之前，其中26 位员工选择离职与跳槽。富安娜方面遂提起法律诉讼，认为这些员工的行为违反承诺，导致股权激励目的落空，要求员工按照承诺函的约定支付违约金。经过审理，富安娜公司赢得了诉讼，企业的利益得以维护，也实现了股权激励计划的“激励—约束”功能。对于正在考虑或者已经进行股权激励的企业，此案无疑有很大的借鉴与示范意义：从员工的角度来看，要明白从来不存在单方面的激励；作为企业，则要在激励员工的同时保护好企业的整体利益。

5. 创业公司应规避的股权风险

大众创业，万众创新。创业本身就很令人激动，更让人激动的是伴随着中国经济腾飞，社会上物质财富的积累，特别是天使投资这一投资模式的引入，可以说为众多创业者插上了金融的翅膀。

然而我们知道，天使投资人能给创业者带来爱和福音，也给创业公司带来种种风险。对创业企业来说，股权风险主要包括以下几种，见表1-4。

表1-4　创业企业股权融资风险

股权风险	内容
股权释放过多	有些创业企业急于扩大规模，在引入投资者的过程中往往会忽略股权的比例和结构，导致股权比例被逐步稀释，使创业团队对创业公司的控制权旁落
一票否决风险	有些投资方虽然所占股权比例不具有控制权，但在公司经营、资金使用、人员任用等方面具有一票否决的权力，使得创业团队“手脚被束缚”，戴着镣铐跳舞，严重影响了创业公司的发展
优先购买权	投资者为防止其股权因创业公司新一轮融资的新股发行而降低，往往会要求优先购买权，即要求创业公司在以后融资时，保证目前的投资者有权选择继续投资，获得至少与其当前股权比例相应数量的新股。对于创业公司而言，若同意投资者的优先购买权，则意味着投资者的股权比例日后仍会增加
经营权的风险	投资者进入后，一般会要求委派人员进入董事会、财务部、管理部等，在引入投资者后，如何掌控公司的实际经营权是很多创业者关心的问题
对赌协议的风险	对需融资的创业企业来说，对赌协议是把双刃剑，优点是能够比较快捷地获得大额资金，以达到低成本融资和快速发展的机会；弊端是一旦企业业绩达不到协议约定的标准，创业者将以割让股权等方式补偿投资方，不仅损失巨大，而且将导致原股东对公司失去控制权。建议创业企业在融资时慎用此条款，若要使用，需对企业经营状况有明确的判断，同时可约定一个向下浮动的弹性标准，且在条款中设计一些盈利水平之外的柔性指标作为评价标准，以减轻经营压力

经典案例

李想离开汽车之家

李想曾经是低学历人群创业成功的典范。高中都没有毕业的李想，曾先后创办了泡泡网和汽车之家等大众熟知的网站。2013年11月，汽车之家成功在纽交所挂牌上市。作为全球访问量最大的汽车网站，股民们用K线给它投票，开盘价高达30.16美元，较17美元的发行价上涨了77.4%，开盘当日市值达到31.7亿美元。但公众不知，这与李想已经没有太多关系了。早在2008年，李想就把汽车之家55%的股份卖给了澳洲电信，后者在之后的几年里又多次增持，到上市时已持股71.25%，而创始人李想个人持股仅有5.3%。另外，从2009年开始，汽车之家的主要管理工作早已交由CEO秦致担纲，这个最早的加盟者持股同样有限，仅为3.2%。2015年6月12日，汽车之家发布公告，称李想不再担任总裁一职，但继续担任董事。众所周知，这是资本市场无情现实的婉转表达。其潜台词是，李想彻底失去了对汽车之家的控制权。2016年5月，秦致领头的汽车之家管理层两度对澳洲电信提出收购要约，两度被拒，其逐步夺回控制权的规划基本落空。几个月后，秦致也离开汽车之家CEO的岗位。

对创业企业来说，防范融资风险要从根本上采取措施（见表1－5）。这些防范措施对防范股权融资风险同样具有重要意义。

表1－5　创业企业融资风险防范措施

防范措施	内容
增强融资风险防范意识	首先，创业企业要把融资风险防范工作提到关乎企业生存的高度来看待。增强融资风险意识，招聘有实践经验的财务人员，以便强化融资决策的科学性。其次，作为政府部门的中小企业服务局也可建议、组织创业企业的领导者进行有关财务知识的培训，增强综合素质，全面提升管理能力。而创业者更应该在平时有意识地注重自我学习，把理论运用到融资实践中。从融资的可行性、科学性着手，有意识地防范、规避融资风险，增强融资的合理性、实用性，降低融资的风险
确定融资结构	首先，保证创业企业资产适当的流动性。增强资产的流动性，积极避免无法及时偿付到期债务而引起的财务危机。其次，确定债务资本与权益资本的合理结构。创业企业融资渠道较窄，如果确定了不合理的融资结构，很难有机会再改变其资本结构，融资风险一经形成，就时刻成为危害创业企业发展的桎梏。最后，保证债务融资中长期、短期资金的适当比例。短期债务资金成本低，但是风险高。长期负债资金成本高，但融资风险相对较低。因此，企业要进行长短期债务的合理搭配。同时，企业还要将债务期限与投资期限相结合，以便到期有足够的现金流量偿还债务。在合理保证预期现金流量的情况下，处理好成本、风险与收益的关系。创业企业不能因为一时的资金需求，融入过多的短期债务，而导致后期的财务危机
降低融资成本	企业的发展同所处行业的生存环境关系密切。国家保护性的行业可以获得更多政策的支持，容易从金融市场融通资金，为企业发展壮大筹备充裕的资本，融资风险小；而国家限制的行业，企业融资会遇到较多障碍，融资风险大；成熟的行业，发展时间较长，可以提供给投资者明确的预期，能较好地解决投资者与融资者之间的信息不对称问题，融资风险相对较小；新兴产业本身就有一定的高风险，处于该行业的创业企业的融资风险无疑更大。好的行业环境对创业企业的融资会产生深远的影响。降低创业企业的行业风险，无疑就会降低创业企业的融资风险。因此，国家要从宏观上规范各个行业发展的秩序，为各行业创业企业的生根、发芽、茁壮成长提供良好的土壤，降低行业风险，减少融资障碍。行业内各创业企业也要保证有序竞争，自觉维护发展环境，展现良好的行业形象，形成集合效应，吸引投资者的目光，降低融资成本，增强融资能力

续表

防范措施	内容
完善内部治理	完善股权治理结构。国外一些学者研究表明，持有大宗股权的大股东往往会得到与其所持股份比例不相称的、比一般股东多的额外收益。股东结构会影响股东间的利益分配，进而影响企业的发展，最终会影响企业对外部资金的吸引力。有人认为，中国大企业要保持第一大股东的绝对控股地位，通过长期投资形成大量的专用性资产来维护企业信用；而中国创业企业的第一与第二大股东要保持较小持股比例，才能构建较好的信用。因此，企业在初创时就应该设计好合理的股权结构，避免创业企业由少数股东控制的现象，从而树立创业企业较好的企业形象，为创业企业的融资提供信用保证。创业企业还要健全企业管理制度，保证内控机制的科学、有效，确保融资策略的合理、高效
信息透明的信用记录	信息不对称是创业企业融资难的重要原因之一。由于创业企业一般规模较小，没有信息披露制度，甚至有的创业企业无完整的财务记录，金融机构无法全面了解企业的财务状况，难以正确判断企业未来的成长性，放贷的风险无疑加大，创业融资难度相应增加。所以，创业企业应加大信息披露制度建设，增强信息的透明度，以使金融机构对创业企业的发展情况有更好的了解。同时，创业企业还应强化信用意识，不恶意拖欠债务，积极履行各项合同协议，树立起企业良好的诚信形象。增强创业企业的信用度，对企业的融资乃至长远发展都大有好处
提高创业者的综合素质	内因是事物发展的决定性因素。创业者作为企业的领导者，其素质的高低直接决定着企业的成败。创业企业要想成功，客观上要求有高素质的创业者。首先，创业者要有较全面的经营管理知识。创业初期，管理人员相对较少，创业者必定要独当多面，不仅要懂经营、会管理，还要会技术、善理财。其次，创业者要有高尚的品质来凝聚创业团队。创业需要整个团队的共同努力。在企业发展初期，物质条件匮乏的情况下，创业者只有以自己高尚的人格来团结整个团队，保证企业的向心力，增强企业抵御风险的能力。高素质的创业者团队不仅是创业企业成功的保证，而且是资金提供者的“保护神”。创业者的道德水准也决定了其对中小股东、债权人等资金提供者的保护程度。高素质的创业者无疑会让投资者吃下一粒“定心丸”，吸引外部资金流入

经典案例

龚海燕与世纪佳缘“绝缘”

龚海燕是一个极具传奇色彩的女性。高二时，她曾辍学做小生意，打工3年后又以县文科状元的身份考进了北大；在复旦大学读研时，她用1000元钱起家，创办了世纪佳缘。这个网站先后吸引了钱永强、徐小平、王强等人多达4000万元的风投。2007年，她又获得美国启明创投1000万美元的风投。2011年5月11日，世纪佳缘在美国纳斯达克上市。但仅仅一年后，她便辞去公司CEO职务，离开了世纪佳缘。当时网上疯传，其离开的原因是被美国投资人“逼宫”，尽管龚海燕公开否认，但无论怎么说，这都走得有些仓促。而且龚海燕在离任后，美国资本市场给出了一个很无情的欢送方式，那就是世纪佳缘的股票大涨。截至2015年3月，龚海燕已清空了世纪佳缘所有的股份，也不再担任世纪佳缘任何管理职务，与自己亲手创办的网站彻底“绝缘”。

6. 防止“野蛮人”侵入

在深不可测的资本市场，创始人不但要警惕内部有人浑水摸鱼，还要时刻提防家门口的“野蛮人”入侵。创始人从呕心沥血一手经营的公司出局、离职的现象屡见不鲜，比较著名的如“万宝之争”，若非领导部门喊出禁令，已被逼到门槛的王石很难起死回生。

资本的逐利性是一致的，与其谴责“野蛮人”，不如把自己锻炼得更强壮。机制是中性的存在，“野蛮人”能利用，我们也要能用，而且要比他们用得更好，让资本为我所用。这是博弈资本市场应有的态度。

许多企业创始人在股权方面做出了不懈的努力，并取得了胜利。如李东生在经过 18 年的漫长改制后，终于让 TCL 彻底完成 MBO；柳传志为解决“联想是谁的”问题，前后也花费了十几年；马云则以独特的“合伙人制”确保阿里不会成为“野蛮人”的猎物。

股权时代，无股权不富。股权是如此重要，所有想要创业和正在路上的创业者都应该回答好下面这 10 个针对股权的大问题。可以说，回答好、解决好、实践好它们，基本上不会再有大的偏颇，在具体应用中视自身情况适当微调即可，见表 1－6。

表 1－6　创业者应该回答好的针对股权的 10 大问题

序号	内容
1	创业团队是否有大家明确信服的老大？企业股权架构设计，核心是老大的股权设计，老大控制住公司，才不会沦为赌徒手里不断转售的纸牌
2	创业团队是否有合伙人？合伙创业，既和软交情，也和硬利益，合伙人肯定得给股权，财散人聚，就是这个道理
3	创业团队是否完全按出资比例分配股权？这个问题比较复杂，一般而言，不干活的出大钱占小股；干活的出小钱占大股。人力股最好和创业团队绑定固定期限服务期，行业里一般是 4 年左右；资金股总占比不要超过 20%，要留着足够的股份给团队跑起来后的股权变更留空间
4	创业团队是否签署了合伙人股权分配协议？需要单独签创业团队股权进入和退出机制的协议，你好公司也放心
5	创业合伙人是否有退出机制？最好在创业初期就做足准备，诸如干得不开心了、健康出问题了、家里有变故了等不得不退的情况，都打好提前量

续表

序号	内容
6	外部投资人是否控股？企业被外部投资人控股，以后你就很难再融资了！记住：不要出让控股权
7	是否给兼职人员发放大量股权？“高大上”的兼职人员特别适合吹牛使用，如果他们时间投入得少，贡献不多，有事也不参与，性价比过高，可以少发股权，等以后能全职了再加码
8	是否给短期资源承诺者发放大量股权？创业是马拉松，短期有人送吃送喝解决了一次危机，把股权散给他们，今后怎么办？资源尤其不好衡量价值，但我们也非常需要这个支持，可以来个事先约定股权兑换条件，当然能一事一议，项目合作最好
9	是否给未来管理团队与员工预留了一定比例的股权？所有投资项目最好都预留好代持股权，因为企业发展人才是源动力，不断找到更有能力的人才能确保企业阶段性升级，要想留住人才就要给股权
10	创业团队是否有跟配偶就创业股权进行钱权分离的协议？这个问题容易被忽视，但一点不给伤情，给的多了伤公司，可以做个有人情味儿的约定：股权是我个人的，但未来股权变现的利益是两人共享的。这样稳定好后院，创始人也会收心专注搞公司了

二、规范公司治理

股权有股权结构，治理自然也有治理结构。二者有时相对独立，有时相互依托，但从无绝对的独立。构建并优化公司治理结构与搭建股权结构的目的相一致，都是为了实现公司最佳经营业绩。规范公司治理势必离不开公司治理结构主课题。先解决有无的问题，再发现存在的问题，最终建立有效的治理机制。

1. 公司治理结构的内容

如果把一个标准的股份公司比作一个人，董事会是大脑，总经理是心脏，总经理辖制的各部门是五脏六腑及肢体器官，监事会是免疫系统，公司治理结构则是神经系统。我们探讨的治理结构的内容，也无非在这几个板块下功夫。

公司治理结构的内容主要有以下几项，见表 1－7。

表 1－7　公司治理结构的主要内容

序号	内容
1	公司治理结构框架应当维护股东的权利
2	公司治理结构框架应当确保包括小股东和外国股东在内的全体股东受到平等的待遇；如果股东的权利受到损害，他们应有机会得到补偿
3	公司治理结构框架应当确认利益相关者的合法权利，并且鼓励公司和利益相关者为创造财富和工作机会以及为保持企业财务健全而积极地进行合作
4	公司治理结构框架应当保证及时准确地披露与公司有关的任何重大问题，包括财务状况、经营状况、所有权状况和公司治理状况的信息
5	公司治理结构框架应确保董事会对公司的战略性指导和对管理人员的有效监督，并确保董事会对公司和股东负责

从以上几点可以看出，这些内容是建立在不同公司治理结构基础之上的，充分考虑了各个利益相关者在公司治理结构中的作用，其作用在于使人们认识到一个公司的竞争力和最终成功是利益相关者协同作用的结果，特别是普通员工做出的贡献。

经典案例

李国庆与当当网团队

在争夺企业控制权方面，当当网创始人李国庆及其团队是很好的例子。

当当网成立于 1999 年，当时国内互联网公司大多还处于泡沫破灭，投资者看不到希望的状态。但李国庆及其团队不惊不惧，砥砺前行。到 2002 年时，已实现收支平衡；2003 年实现完全盈利，也是在这一年，李国庆及其团队从资方手中顺利夺得了公司控股权。

当时李国庆提出，公司已全面盈利，当当网的三大原始股东IDG（美国数据集团）、卢森堡剑桥、日本软银应该将增值部分的50%分给管理团队作为嘉奖，以期更大的成功。三大原始股东强烈反对，盛气凌人。李国庆马上采取措施，宣布将另起炉灶，做一个与当当网竞争的公司，而且将该消息广泛传播。由于当当网是李国庆与团队一手做起来的，三大原始股东并不在行，心知李国庆率队一撤，方兴未艾的当当网必然垮台。所谓“上下同欲者胜”，至少当时在投资人看来，当当网团队是铁板一块，水泼不进。这显然是因为李国庆之前在治理上下了功夫。无奈之下，投资方同意了李国庆的要求，李国庆掌握了当当网51%的股份，获得了绝对控股权，实现了其“视王志东为榜样却坚决不愿成为王志东第二”的誓言。

2. 上市公司规范治理常见问题

不得不说，现在中国企业界还有不少居心不正者。融资，就是想骗投资人的钱，所以只肯做表面功夫，好好的公司被玩成空壳。上市，就是为了圈钱，捞一笔，然后赢一片骂名。

真正的企业家，融资也好，上市也罢，都是为了让企业成长，让员工受益，让社会更美好。真正的企业家不仅要考虑上市，更要考虑上市之后的事情。这是为股民负责，为社会负责，也是为自己负责。

关于上市公司规范治理，常见问题包括公司制度建设、公司独立性、“三会”运作、公司内部审计、董事会秘书履职等。

公司制度建设的主要问题包括公司章程、“三会”议事规则、总经理工作细则、上市公司信息披露管理制度，以及董事、监事和高级管理人员持股及变动管理等内容，见表1－8～表1－12。

表1－8　公司章程主要问题

序号	问题
1	公司章程内容违反法律规定。部分上市公司章程规定：在董事会表决某项议案时，如果投赞成票和反对票的董事人数相当，则董事长有权多投一票，违反了《公司法》第一百一十二条的相关规定
2	公司章程对董事会权限的规定与《上市公司章程指引》不相符。部分上市公司在公司章程中未规定董事会投资权限和投资范围，或者虽对投资权限和投资范围做出了规定，但未规定对收购出售资产、资产抵押、对外担保、委托理财和关联交易等重大事项的决策程序和审批权限，与《上市公司章程指引》第一百一十条的要求不相符。还有部分上市公司在公司章程中规定：在非会议期间，董事会因正当理由解聘会计师事务所的，可以临时聘请其他会计师事务所，但是必须在下次股东大会上追认通过，与《上市公司章程指引》第一百五十九条的要求不相符
3	公司章程对累积投票制的规定流于形式。部分上市公司仅在公司章程中规定可以实行累积投票制，但对实行累积投票制的具体安排未在公司章程中做出明确规定，同《上市公司章程指引》第八十二条的要求不相符
4	部分境外上市公司章程内容未及时修订。既发行内资股又发行境外上市外资股的部分上市公司，公司章程主要是根据《到境外上市公司章程必备条款》的规定及境外上市交易有关要求制定，公司尚未参照《上市公司章程指引》及时修改公司章程
5	公司章程未规定对董事长的授权原则和授权内容。部分上市公司章程列明，董事长在董事会闭会期间行使董事会部分职权，但是公司章程中未明确规定授权原则和授权内容，不符合《上市公司治理准则》第四十八条的要求

经典案例

“小黑屋的战斗”

汉雨生，燃石医学创始人。燃石创立于2014年，发展速度奇快，问题在所难免。汉雨生意识到，该给公司一个彻底暴露问题的机会了。事实上，当时市场部、销售部和医学部之间吵得太厉害，他作为老大已无力居间调解。于是他把所有部门领导召集到会议室，共商大计。

会议进行到第三个环节，陡然转向。第一个环节为批评，第二个环节为自我批评，皆是单方面陈述，大家还能做到心照不宣。第三个环节是自由辩论，积累已久的矛盾彻底爆发。各部门领导拍桌子瞪眼，面红耳赤，甚至有的女性领导直接被气哭。

汉雨生掌控着情势，把握着火候，在适当的时候喊开始，也在适当的时候叫停……最后，他让大家进入第四个环节：针对前三轮提出的问题，从制度上做出规定。

这个后来被汉雨生称为“小黑屋的战斗”的会议，是燃石医学从人治走向法治的转折点。

表1－9 “三会”议事规则主要问题

序号	问题
1	股东大会议事规则的内容不符合《上市公司章程指引》的要求。股东大会议事规则中未就股东大会对董事会的授权原则和授权内容做出相应规定，不符合《上市公司章程指引》第六十八条的要求

续表

序号	问题
2	董事会议事规则、监事会议事规则与公司章程部分内容不一致。部分上市公司董事会议事规则与公司章程对同一事项的规定前后不一致。例如，部分上市公司董事会议事规则规定“董事会定期会议每年至少召开四次”，但是公司章程却规定“董事会每年至少召开两次会议”。与之类似，部分上市公司监事会议事规则与公司章程的规定不一致，个别上市公司甚至尚未制定监事会议事规则

表 1－10　总经理工作细则主要问题

序号	问题
1	部分上市公司未制定总经理工作细则。部分上市公司总经理工作细则缺失，或者虽已制定且执行，但细则尚未经过董事会审议批准，违反了公司章程的规定
2	部分上市公司总经理工作细则内容不完备，例如，没有按照《上市公司章程指引》的要求，在总经理工作细则中规定总经理在资金运用、资产运用、签订重大合同事项上的具体权限，以及总经理向董事会、监事会报告的具体制度规定
3	部分上市公司总经理工作细则没有及时修订完善，一些条款与现行的《公司法》《上市公司章程指引》的内容相冲突，尚需进一步修订完善

表 1－11　上市公司信息披露方面的主要问题

序号	问题
1	部分上市公司信息披露事务管理制度缺少必备内容，例如，没有确定公司信息披露的具体标准，没有明确内幕信息知情人的范围和保密责任，没有制定对外发布信息的申请、审核、发布流程和未公开信息的保密措施，没有对涉及子公司的信息披露事务管理和报告制度进行规定等
2	部分向大股东、实际控制人提供各种未公开信息的上市公司未按《关于对上市公司向大股东、实际控制人提供未公开信息等治理非规范行为加强监管的补充通知》（深证局公司字〔2007〕39 号）要求及时报送有关信息知情人员名单及相关情况，并督促大股东、实际控制人加强获取的内幕信息的管理

经典案例

*ST 博元退市

2016 年 3 月 21 日，上交所发布了《关于终止珠海市博元投资股份有限公司股票上市的公告》，宣布决定终止珠海市博元投资股份有限公司股票上市。其股票代码为*ST 博元，它不但成为当年第一只被终止上市的股票，同时也“有幸”成为中国证券市场首家因为重大信息披露违法被终止上市的公司。

资料显示，*ST 博元至少从 2011 年起就开始伪造银行承兑汇票，并虚构票据贴现、置换交易，且多次使用虚假银行进账单和虚假银行承兑汇票入账。2011—2014 年公司被查，其在相关定期报告中虚增资产、负债、收入和利润金额巨大，达 3.8 亿余元，严重伤害了股东权益。2015 年 3 月 26 日，博元投资相关责任人因涉嫌违规披露、不披露重要信息罪和伪造、变造金融票证罪，被中国证监会移送公安机关，公司股票自 2015 年 5 月 28 日起暂停上市，至今未能恢复上市。

表 1－12　人员持股及变动管理主要问题

序号	问题
1	上市公司尚未及时制定上市公司董事、监事和高级管理人员持有及买卖本公司股份的专项制度
2	对公司高级管理人员持有本公司股份及买卖股票行为的申报、披露与监督缺乏制度性管理机制

公司独立性的问题尤其不容忽视。资金诚可贵，合作价更

高。若为独立故，两者皆可抛。不能独立自主的公司恰如不能独立自主的国家，生杀予夺，遑论其他。完全丧失独立性的企业并非没有，但总体来说是少数，普遍性问题在于经营独立性不足，或人事任免缺乏独立性，见表1－13和表1－14。

表1－13　部分上市公司经营独立性不足的问题

序号	问题
1	部分上市公司重大资产处置、重要投资计划、利润分配、信息披露、重大事项财务处理和股权转让等重大事项要报经大股东、实际控制人批准
2	部分上市公司将采购和销售委托给大股东、实际控制人操作，使公司在原材料采购和产品销售方面高度依赖大股东、实际控制人，缺乏应有的独立性，同时产生大量的关联交易

表1－14　部分上市公司人事任免缺乏独立性的问题

序号	问题
1	部分上市公司总经理、副总经理、财务总监及下属子公司的部分高级管理人员由大股东任命，每年向大股东述职，并接受大股东的综合考评
2	部分上市公司财务总监未经董事会任命，而由大股东直接委派
3	部分上市公司董事会、监事会的人数设置，董事、监事候选人的确定均须上报大股东批准
4	部分上市公司董事、监事和高级管理人员的薪酬上报大股东确定

“三会”规范运作同样是公司治理的重中之重。“三会”即股东大会、董事会、监事会，其职能如果真正发挥，可形成公司权力机构、决策机构、监督机构之间权责分明、各司其职、有效制衡、科学决策、协调运作的法人治理结构。就此而言，规范“三会”运作不失为提高公司竞争力与治理质量的必要之路。相关问题主要涉及股东大会、董事会、董事会专门委员会、监事会等机

构，见表1－15～表1－18。

表1－15 股东大会的问题

序号	问题
1	股东大会授权委托书不符合相关上市公司章程的要求。部分上市公司股东大会授权委托书仅注明“全权行使表决权”，缺乏对所审议每一事项投赞成、反对或弃权票的明确指示，未按相关公司章程的规定执行
2	重大事项的决策未经股东大会审批。部分上市公司高级管理人员薪酬管理办法、重大股权转让、重大资产处置、重大贷款事项、重大投资和持续性重大关联交易等事项在经过董事会决议后，股东大会审批前就开始付诸实施，使股东大会的最高决策权流于形式；也有部分上市公司章程虽然对董事会的权限进行了规定，但当董事会审议超越授权范围的事项后，未将审议事项提交股东大会审议批准，违反了《公司法》第一百条的相关规定
3	召开股东大会会议的通知时间违反《公司法》的规定。部分上市公司召开定期股东大会，并未将会议召开的时间、地点和审议的事项在会议召开二十日前通知各股东；临时股东大会也未在会议召开十五日前通知各股东，违反了《公司法》第一百零三条的相关规定
4	部分上市公司董事、监事薪酬未经股东大会审批。部分上市公司的董事、监事薪酬事项仅经过董事会审议，而未经过股东大会审议批准，违反了《公司法》第一百条的相关规定
5	股东大会统计提案表决票的程序不符合《上市公司股东大会规则》的要求。部分公司股东大会提案表决时由公司员工计票和监票，未由律师、股东代表与监事代表共同负责计票和监票，不符合《上市公司股东大会规则》第三十七条的要求

表1－16 董事会的问题

序号	问题
1	部分上市公司在采用通信方式召开董事会会议时，未建立相应制度确保董事充分行使职权，并保障监事的知情权和监督权。部分上市公司董事会会议多以通信方式召开，个别上市公司采用通信方式召开董事会会议的比例高达七成，但公司未建立相应的规章制度，在采用通信方式召开董事会会议时确保董事充分行使职权，并保障监事的知情权和监督权

续表

序号	问题
2	部分上市公司对关联交易表决时，关联董事未回避表决。部分上市公司董事会对关联交易进行审议时出现关联董事参与表决，未履行回避程序，违反了《公司法》第一百二十五条的相关规定
3	董事未真正做到勤勉尽责。部分董事无故、借故缺席董事会会议；独立董事未发挥专业优势，对公司的重大决策发表自己的独立意见，未在年度股东大会上履行法定的述职程序
4	董事会对未在会议通知中列明的审议事项进行审议并做出决议。部分上市公司对未在董事会会议通知中列明的事项进行审议并做出决议，个别公司甚至出现在召开董事会时随意增加审议事项，不符合《上市公司治理准则》第四十六条的要求
5	部分上市公司召开董事会会议的通知时间违反《公司法》的规定。部分公司董事会召开定期会议前并未将会议召开的时间、地点和审议的事项在召开会议十日前通知董事和监事，违反了《公司法》第一百一十一条的相关规定
6	董事会会议记录不完整。部分上市公司董事会会议记录过于简略，未包括出席董事的姓名及受他人委托出席董事会的董事姓名、会议议程和董事发言要点等内容，不符合《上市公司章程指引》的要求
7	总经理办公会替代董事会审议重大事项。部分上市公司存在以总经理办公会替代董事会的情况，董事会应有的法定职权被公司管理层侵蚀，董事会在公司治理中的核心作用没有得到充分发挥
8	独立董事的任职资格和专业背景不符合相关要求。部分上市公司独立董事兼任公司的管理咨询人员、法律顾问、财务顾问，缺乏应有的独立性要求；部分上市公司独立董事组成人员中没有会计专业人士，违反了《关于在上市公司建立独立董事制度的指导意见》的相关要求

表1－17　董事会专门委员会的问题

序号	问题
1	未制定董事会专门委员会工作细则。部分上市公司仅成立了董事会专门委员会，但没有制定各专门委员会的工作细则，专门委员会的实际运行不具有可操作性

续表

序号	问题
2	董事会专门委员会会议与董事会会议合并召开。在部分上市公司，董事会专门委员会会议往往和董事会会议合并召开，并未履行先由专业委员会讨论评审，再提交董事会审议的决策程序，甚至有个别上市公司在董事会会议结束后再召开董事会专门委员会会议，没有充分发挥出董事会专门委员会决策咨询的作用
3	各专门委员会组成人员不符合相关规定。根据《上市公司治理准则》的要求，审计委员会、提名委员会、薪酬与考核委员会中独立董事应当占多数并担任召集人。但检查发现，部分上市公司专门委员会组成人员不符合要求，例如，审计委员会组成人员中公司管理层占多数，且由非独立董事担任召集人
4	董事会各专门委员会代行董事会的部分职权。部分上市公司的个别议案由专门委员会审议后实施，专门委员会侵蚀了董事会应有的职权

表 1－18 监事会的问题

序号	问题
1	监事会未履行应有的监督职能，基本流于形式。部分上市公司监事会的工作重形式轻实质，有个别上市公司监事从未列席过董事会会议，监事会的监督功能未得到有效发挥
2	监事资格不合法。部分上市公司监事由高级管理人员或财务负责人兼任；部分上市公司职工监事未由职工代表大会、职工大会或者其他形式民主选举产生，而是由大股东或者管理层直接任命，违反了《公司法》第一百一十八条的相关规定
3	监事会会议记录过于简单。部分上市公司监事会会议记录过于简单，缺少每位监事发言的要点，未能全面反映全体监事对所审议事项充分讨论之后形成最终决议的过程
4	监事会对公司重大财务事项的审议不及时。辖区部分上市公司监事会未能按照《公司法》的规定定期检查公司财务状况，特别是公司会计估计、会计政策发生变化时未及时履行监督职责，违反了《公司法》第一百一十九条的相关规定
5	召开监事会会议前没有书面会议通知。部分上市公司监事会会议召开前没有书面会议通知，各监事对召开监事会会议的时间、地点和议题不知情，不符合《上市公司章程指引》第一百四十八条的要求

公司内部审计的问题，主要是部分上市公司内审部缺乏独立性。例如，审计部门负责人任免未经公司董事会审议批准，内审部直接向公司管理层（总经理）负责并报告工作，内审部直接隶属于财务部。部分上市公司内审部缺乏独立性，从而造成内部审计工作流于形式，或者功能缺失，不符合《上市公司章程指引》第一百五十七条的要求。

董事会秘书履职的主要问题包括两个方面：一是部分上市公司董事会秘书的知情权没有得到有效保障。根据《上市公司信息披露管理办法》的规定，董事会秘书负责组织和协调公司信息披露事务，有权参加股东大会、董事会、监事会会议和总经理办公会，有权了解公司的财务和经营情况，查阅涉及信息披露事宜的所有文件。但检查中发现，部分上市公司董事会秘书知情权没有得到切实保障，董事会秘书被排除在公司的重要会议之外，妨碍了董事会秘书有效地履行职责。二是董事会秘书兼职过多。部分上市公司董事会秘书兼职过多，占用了董事会秘书相当的时间和精力，影响了董事会秘书职责的有效履行。企业必须明白，董事会秘书不同于普通秘书，更不是文员乃至端茶倒水的勤务人员。

3. 完善公司治理结构，加强规范运作管理

对上市公司来说，法人治理是市值管理的关键，规范运作是品牌价值的基石，所以必须加强规范运作，建立清晰透明的治理结构，提高治理水平。另外，很多人开始自主创业，公司虽小，管理亦不可或缺。或者说，在未走上正轨之前，小公司、小企业更需要加强管理，否则很难杀出重围。在这条充满荆棘的道路上，公司决策者该如何处理好公司治理问题？其具体措施见表1-19。

表1-19 创业企业完善公司治理结构，加强规范运作管理的具体措施

措施	内容
提高认识	创始人和企业管理层应充分认识到公司治理的重要性和必要性。在私募资金进入之时或之后，创始人和企业管理层在思想和管理理念上应该提高到一个新高度，充分认识到只有通过建立现代企业制度，制定长效的激励约束机制，加强监管，实现公司的有效治理，才能将企业做大做强。创始人应该抓住资本进入的有利契机改变产权结构、实行两权分离、完善企业决策制度、建立激励机制、吸引职业经理人、增加企业经营的透明度和社会声誉，尤其家族企业在治理过程中更应该考虑上述因素
重视股权激励制度	股权激励制度在建立现代企业制度过程中有着非常重要的作用，公司经理层实际掌握着公司的经营控制权，如果忽视了经理层的利益，公司的治理将不会有效。对经理层进行长期激励与约束实际上是公司治理的核心。我国目前无论经济学界还是法学界在股票期权激励理论方面的研究都没有达到一定的高度，又没有配套的法律予以保障，所以在推行股权期权的过程中，收获并不令人满意。结合中国公司的实际情况，应该将管理层短期激励制度和长期激励措施结合起来。例如，业务提成、加薪制度、奖金红利等和股权期权相结合
建立良好的法人治理结构	公司设立股东会、董事会（审计委员会、薪酬委员会）经理层、监事会，建立完善的公司治理机构，形成各个机构权责明晰、相互制约的关系，从而有效调节所有者、经营者和员工之间的关系，保障所有者的利益，赋予经营者以充分的经营权，确保公司长远健康发展。良好的法人治理结构不能流于形式，我们接触大量的被投资企业后发现，私募资本进入后，其法人治理结构并没有在真正意义上建立起来。许多公司的董事会、监事会或经理层仍然由其家属、亲戚朋友或其他关系人占据多数。例如，家族企业的所有权和经营权的集中在一定程度上保证了经营主体具有充分的经营自主权，做出的决策能灵活地适应市场的变化，降低企业的经营成本。但在私募股权投资领域，私募资本看中的是企业的管理团队、商业模式以及市场等，企业在私募资本进入后需要扩展经营范围，实现价值增值，所有权和经营权的集中容易导致所有者不堪重负、决策的失误以及管理矛盾。因此，适当分离所有权和经营权，把经营权交给更懂经营、更会管理的职业经理人，实现资本和管理的分工合作，将大大提高企业的管理运作效率

续表

措施	内容
加快董事会改革	最重要的一点是增强董事会的独立性。可采取的主要措施包括：第一，引进独立董事或职工董事，独立董事或职工董事应参加审计和薪酬委员会，独立董事参与制定有关公司首席执行官的业绩标准和薪酬计划，并据此对首席执行官的业绩进行定期评估。第二，建立董事会的自我评价体系，包括董事会对其运作制度应形成书面文件，并定期重新评价，确定董事任职标准，选择最适合公司的董事，并定期对单个董事的任职情况进行评估。第三，加强董事会运作的有效性，强化董事会的战略管理功能与责任，完善公司的内部控制机制和监督制衡机制
明确监事会职能	从长期来看，与全球公司治理结构和中国资本市场全球化的发展趋势相适应，独立董事将在中国公司治理中发挥更加重要的作用。然而在中国独立董事制度得到充分发展、走向成熟之前，监事会仍将有发挥作用的空间。但在时机成熟时，撤销监事会或允许公司自行选择是否设立监事会，将有助于理顺公司内部错综复杂的关系，使独立董事、股东等承担起有关的监督责任，避免机构重叠和资源浪费，节省公司运行费用
学习借鉴国外公司治理经验	我国具有独特的所有制结构、分配制度、官本位文化、家长制文化、传统义利观，这些对公司治理结构有效发挥作用带来很大的影响。公司治理的具体措施，国外已经有了非常成熟的经验，国内也有一些成功的范本，很多措施都可以直接拿过来使用。企业所有者可参照国内法律法规、企业性质、特点等进行取舍。私募股权投资中，许多著名投资基金一般会在公司治理方面提供很多有效的支持和帮助，创始人在心理上应该意识到双方的利益是一致的，投资人其实就是创业者身边的创业者。善于听取投资人关于公司治理方面的经验总结和建议，也是一个行之有效的方法

经典案例

乐视危机

2016 年底，贾跃亭一封公开信，把争议中的乐视公司推向了风口浪尖。乐视承认，他们确实遇到了资金问题。正如股民们所看到的，乐视股价持续下跌，市值急剧蒸发百亿元。用业内专家的话说，贾乐亭要么成功，要么在成功的路上死亡，他已经没有中间这条路。如果他能化险为夷，特别是他的生态圈模式能够成活的话，他就是国内第一人。如果他败了，乐视就是一个比较失败的案例。

乐视给创业者带来的首要启示就是务必重视资金链问题。乐视号称“七大子生态”，这两年没少烧钱，如手机、电视、房地产等。乐视生态布局大，花钱如流水，但一来自身盈利能力跟不上，二来融资结构、融资方式有待优化，导致现在高达65%以上的资产负债率。乐视的融资能力不可谓不强，但它采用的都是比较传统的融资方法，最主要的就是股权质押，也就是把自己的股份抵押给金融机构，然后换取资金支持。其好处在于不会失去控制权，但有很大风险，因为它有预警线和平仓线，超过预警线会要求你补仓，达到平仓线就要被出售。股权被出售，控制权也就随之失去了。

之所以会出现资金链问题，主要是乐视在多元化的路上走得过快。进一步深究，乐视的董事会治理方式是有问题的。贾乐亭聚拢了不少人才，但这些人才没有充分发挥各自的作用，公司还是他一个人说了算，而不是科学决策，充分调研。此外，贾跃亭是个技术男，缺乏马云那样的演讲能力与感召力，不太善于讲话，不太善于表达。这是他，同时也是很多企业家必须补齐的短板。

第二章　锁住“七寸”：打造股权顶层模式，踏入资本市场路

一、合伙人股权设计
二、控股权与相关比例：避免均分、过于分散
三、法人治理结构：“三会一层”的组成
四、一致行动人：保障企业的实际掌控
五、高段位控制：资本源的博弈
六、股权结构和期权池

股权时代恐惧股权，资本市场拒绝资本，既无效，也不智。资本如毒蛇，来势汹汹；资本也如蛟龙，吐雾兴云。重要的是因势利导，它为蛇时锁其七寸，它为龙时驾雾腾云。更多的时候，资本是一匹野马，要懂得驾驭，并时刻拉紧缰绳。股权顶层模式就是这样一条缰绳，主动打造股权顶层模式，才能有备无患，潇洒从容。在股权融资过程中，有五大基本要素决定了企业的资本结构和发展空间，它们是企业与资本共舞，踏入资本市场路径中必然会遇到的关口，其中合伙人股权设计、股权结构、资源控制是股权融资中投资机构侧重的要点，而一致行动人、法人治理结构则是企业掌握战略和经营主动权的关键。

一、合伙人股权设计

合伙人指投资组成合伙企业、参与合伙经营的个人，也可以是组织。合伙人是公司最大的贡献者，承担其合伙前承诺的义务与责任，也是股权分配的主要参与者。合伙关系则是接近于婚姻关系的“长期”“强关系”的“深度”绑定。合伙之后，公司的大小事情，合伙人之间都得商量着来，重大事件还得征求合伙人同意；公司赚的每一分钱，大家都要按照事先约定好的股权比例进行分配。

1. 定结构

在实践中，两人、三人、四人及四人以上合伙创业的情况比较常见，那么针对不同情况，其股权结构如何设计呢？很多人有自己的意见和做法，但没有适合所有人的办法。下面我们来探讨一番。

对于二人合伙公司来说，若为一般有限责任公司，股份应按投资金额和注册资金的比例确定，利润也应按股份占有情况同比例分配。要在公司章程和股东会决议中规定公司内每个人的权利和义务，如股权比例、个人职责、如何分红、公司注册资本和认缴期限等。法定代表人可以是股东，也可以不是股东。公司注册时提供的公司章程和股东会决议中规定了股权分配和利润分配的，除非有特殊要求，否则按照正常分配原则即可。

例如，甲乙二人合伙注册一家销售设备制造的公司，注册资金100万元，其中40%为技术入股，双方各占20%，另外60%为资金入股，甲为25万元，乙为35万元。甲乙双方约定，在合伙协议约定的5年合伙期限内，如有一方退伙，则20%的技术股不退，5年期满后20%的技术股再以公司评估资产按比例以金钱方式结算分配。这种股权结构在法律上说是可以的，但具体的操作方式有很多种，要在公司章程中说明。

三人合伙公司的股权结构设计，有以下几种可行的方案：

一是按出资比例来设计股权结构。三个人合伙开公司，股份分配通常按出资比例进行分配，不过也需要具体考虑是否参与经营管理，是否有技术投入等因素。参与经营可以适当增加股份，不参与经营应适当减少股份；有技术投入者也可适当增加股份分配；其他影响因素，可通过协议确定；股份分配确定好后，要订立合同，按规办事，减少后续分配纠纷。

二是从决策需要的表决票层面来考虑股权结构。从决策权出发，公司重大事项如增资、减资、解散、清算、修改章程等，一般都需要股份总数2/3以上同意时才能通过；一般事项，如贷款、制定公司组织架构、审议董事会监事会决议、制定决算预算等，一般需要股份总数1/3以上决议通过。一股独大看似对独大的股东有利，事实上对整个公司不利，因此实质上对其也不利。所以要尽量设计成分庭制衡的结构。从决策需要的表决票来考虑股权结构的话，势必建立在相应的出资上。例如，三个人合伙创业的股权结构为46∶34∶20。其中，46的是大股东，34和20的是第二、第三股东。一般大股东说了算，有分歧的时候表决，第二、第三股东同意占合计54%的表决权，大股东只有46%的表决权。此外，还要设立退股条件，约定股权期限，明确业绩入股、股份期权等。

三是三人平摊股份的股权结构方案。三人合伙公司，在协商一致的情况下也可以设计三人平摊股份的股权结构。《公司法》第三条规定，公司是企业法人，有独立的法人财产，享有法人财产权。公司以其全部财产对公司的债务承担责任。有限责任公司的股东以其认缴的出资额为限对公司承担责任；股份有限公司的股东以其认购的股份为限对公司承担责任。

三人合伙，关键看如何制定公司章程。章程是股东的行为准则，其中尤其要对议事规则进行详细约定，包括有意见冲突如何解决的约定，否则公司容易陷入僵局。从维护股东利益出发，在制定公司章程时，要兼顾各方利益。股权的比例一般按投资的多少来决定，但是分红比例可以不按照股权比例进行。若有这种情况，需在章程中另行约定。

总的来说，三个人合伙，股权分配要力避僵局。例如，均分的33.3%∶33.3%∶33.3%，博弈型的40%∶30%∶30%，创始人吃独食的95%∶3%∶2%，“小三”绑架了老大和老二的40%∶40%∶20%或49%∶47%∶4%，等等。理性地看，三人合伙时股权分配应遵循“1>2+3”的基本原则，实务中可参考的操作方式有70%∶20%∶10%或60%∶30%∶10%，这种方式老大的作用明显清晰，可实现快速决策。

四人合伙股权结构设计相对比较复杂，下面列举两种情况进行分析并提出股权结构设计方案：

一是四人合伙时出资一样但只有一人做事，其股权结构如何设计？

一般情况下，技术出资需要评估，劳力不得作为出资。如果该股东未能就技术评估出资，而又想占有更高股份，一是可以在设立时，在公司章程中或者股东设立协议中明确约定，不以出资比例分配红利，而是以双方约定的比例分配红利；二是可以在公司设立后，由其他股东将部分股权无偿转让给该股东。

在这个基础上，首先要了解这些内容：股权比例一般按出资份额分配，各自出资的价值、场地、经验等如何估值是需要商量的，需要一致认同。《公司法》允许股权分配实行公司自治原则，怎么分都不限制。考虑到经营风险，可以先确定一个分配标准，然后附加条件，约定在什么条件下调整股权。在前期贡献大的一方可以多分点股份，后期可按经营成果适当调整，约定一方到时以什么代价出让多少股份。这些约定写进股东协议即可。

其次，建议预留30%左右的股权作为以后的追加和公司的再投入。要明确劳力方在公司管理发展方向的领导决策权，同时应在合同中提出四人以后再追加投资或者撤资等方面的问题，然后还应该提出劳力方有优先购买（剩余或撤股的股权）权。

二是四人合伙开公司时，两人只负责投资，一人主管公司全局，另一人辅助，股权结构该如何设计？

在这种情况下，其股份可以由投资人共同占有75%～85%，按投资金额比例进一步确定二人之间的股权占比。管理者可占10%～15%，辅助管理者占5%～10%。公司成立时，可签订说明，如管理者和辅助管理者在经营期间良好或优秀，可在15%～25%股份里面适当调整。由董事会（投资人和管理人）共同同意均可。

以上均为理论，实践中请根据实际进行可行性方案分析。

四人以上合伙的股东结构设计，要看办的是什么样的合伙企业，是普通合伙还是有限合伙？不一样的性质，要设计不一样的股权结构。此外，还要看四方对一些出资、分红之类的约定是根据什么来确定的。

2. 定规则

合伙规则包括进入规则和退出规则。合伙规则一定要写入章程，这是必须项。

建立股权进入机制要把握以下几点，见表2－1。

表2－1　股权进入机制的要点

要点	内容
确定股权分配机制	一般情况下，参与公司持股的人主要包括公司合伙人（创始人和联合创始人）、员工与外部顾问、投资方。在创业早期进行股权结构设计时，要保证这样的股权结构设计能够方便后期融资、后期人才引进和激励。当有投资机构准备进入后，投资方一般会要求创始人团队在公司的股权比例中预留出一部分股份作为期权池，为后进入公司的员工和公司的股权激励方案预留，以免后期稀释投资人的股份。这部分作为股权池预留的股份一般由创始人代持。而在投资进来之前，原始的创业股东在分配股权时，也可以根据一定阶段内公司的融资计划，先预留出一部分股份放入股权池用于后续融资，另外预留一部分股份放入股权池用于持续吸引人才和进行员工激励。原始创业股东按照商定的比例分配剩下的股份，股权池的股份由创始人代持
合伙人股权代持	一些创业公司在早期进行工商注册时会采取合伙人股权代持的方式，即由部分股东代持其他股东的股份进行工商注册，来减少初创期因核心团队离职而造成的频繁股权变更，等到团队稳定后再交给其他股东

续表

要点	内容
股权绑定	创业公司股权真实的价值是所有合伙人与公司长期绑定，通过长期服务公司去赚取股权。也就是说，股权按照创始团队成员在公司工作的年数，逐步兑现。道理很简单，创业公司是大家做出来的，当你到一个时间点停止为公司服务时，不应该继续享受其他合伙人接下来创造的价值。股份绑定期最好是 4 ~ 5 年，任何人都必须在公司做够起码 1 年才可持有股份（包括创始人），然后逐年兑现一定比例的股份。没有"股份绑定"条款，派股份给任何人都是不靠谱的
不拿或少拿工资的合伙人的股份	不拿或少拿工资的合伙人是否多给些股份？创业早期很多创始团队成员选择不拿工资或只拿很少工资，而有的合伙人因为个人情况不同需要从公司里拿工资。很多人认为不拿工资的创始人可以多拿一些股份，作为创业初期不拿工资的回报。问题是，你永远不可能计算出究竟应该给多少股份作为初期不拿工资的回报。比较好的一种方式是创始人给不拿工资的合伙人记工资欠条，等公司的财务比较宽松时，再根据欠条补发工资。也可以用同样的方法解决另外一个问题：如果有的合伙人为公司提供设备或其他有价值的东西，如专利、知识产权等，最好的方式也是通过溢价的方式给他们开欠条，公司有钱后再补偿

设计合伙人股权退出机制时，必须做好以下两方面的工作：一是做好预期管理；二是将退出机制落地，见表 2 -2。

表 2 -2　股权退出机制的要点

要点	内容
管理好合伙人预期	给合伙人发放股权时，要做足深度沟通，必须管理好合伙人预期。合伙人取得股权，是因为看好公司发展前景，愿意长期共同参与创业；合伙人早期拼凑的少量资金，并不是合伙人所持大量股权的真实价格。股权的主要价格，是所有合伙人与公司长期绑定（如 4 年），通过长期服务公司去赚取股权。如果不设定退出机制，允许中途退出的合伙人带走股权，对退出的合伙人公平，但是对其他长期参与创业的合伙人极其不公平，其他合伙人也没有安全感

续表

要点	内容
退出机制的落地	合伙人股权退出机制的落地措施是：第一，在一定期限内（如1年之内），约定股权由创始股东代持。第二，约定合伙人的股权和服务期限挂钩，股权分期成熟（如4年）。第三，股东中途退出，公司或其他合伙人有权回购离职合伙人未成熟甚至已成熟的股权。第四，对于离职不交出股权的行为，为避免司法执行的不确定性，约定离职不退股需付高额的违约金

二、控股权与相关比例：避免均分、过于分散

关于控股权及其相关比例，我们先通过两组公司的比较来看一下它们的差别。第一组是阿里巴巴、京东、百度，第二组是俏江南、1 号店和雷士照明。这两组公司可以拿来做比较的地方有很多，这里只看它们的创始人与公司的现状。第一组公司创始人，分别是阿里的马云、京东的刘强东、百度的李彦宏，他们从进公司到现在一直都在公司，而且是公司的灵魂人物，牢牢把握着控制权，带领着公司往前发展。而第二组公司，俏江南的创始人张兰、1 号店的创始人于刚、雷士照明的创始人吴长江，他们已经不在公司的董事会里面，也不在公司的管理岗位上，有的人甚至连公司的股权也没有了。上述公司其实都很不错，但两组创始人在公司的境况却大不相同。原因有很多，从法律上讲，最主要的原因是他们对公司控制权的把握不一样。第一组公司的创始人从公司初期到发展再到最后上市，均牢牢把握住了公司的控制权；而第二组公司的创始人则因一些共性的原因，导致他们失去了对公司的控制权或控制地位。创业者要尽可能避免与上述第二

组公司类似的不愉快再次发生，其要点就在于了解并把握好影响公司控制权的股权比例，避免均分、过于分散。

控股权分为绝对控股和相对控股。前者指在股份上占绝对优势；后者指在众多股东中是相对多数股。就实际情况来看，控股权与相关比例有以下 8 种情况：

1. 绝对控制：67%

股东持有公司股权比例占 67% 以上，严格来讲应该是 66.67%，该股东便是公司的绝对控股股东，可以决定公司各项重大事务。因为我国《公司法》规定，修改公司章程、增减注册资本，以及公司合并、分立、解散、变更，需要股东会中有三分之二以上表决权的股东通过，才能形成有效的股东会决议。因此，股东持有公司的股权比例在 67% 以上，才享有绝对控制公司的权力。

《公司法》第四十三条规定，股东会会议做出修改公司章程、增加或者减少注册资本的决议，以及公司合并、分立、解散或者变更公司形式的决议，必须经代表三分之二以上表决权的股东通过。第一百零三条规定，股东大会做出修改公司章程、增加或者减少注册资本的决议，以及公司合并、分立、解散或者变更公司形式的决议，必须经出席会议的股东所持表决权的三分之二以上通过。

2. 相对控制：51%

股东持有公司股权比例为 51% 以上，严格来讲为 50% 以上（不含 50%）时，享有对公司的相对控制权。除了修改公司章程、增减注册资本，以及公司合并、分立、解散、变更这些事项不能决定之外，其他公司一般事务都可以决定，因为一般事项的股东会决议只需要股东所持表决权过半数通过即可。因此，持股比例在51%以上不到67%即可控制公司日常运营事务。

《公司法》第四十二条规定，股东会会议由股东按照出资比例行使表决权；但是，公司章程另有规定的除外。第一百零三条规定，股东大会做出决议，必须经出席会议的股东所持表决权过半数通过。

3. 重大事项一票否决：34%

股东持有公司股权比例为34%以上、50%以下，严格来讲为33.34%以上、50%以下，虽然不能完全决定公司事务，但当股东会通过修改公司章程、增减注册资本，以及公司合并、分立、解散、变更这类重大事项时，有一票否决的权力，股东会无法形成三分之二的表决权。

因此，持股比例在34%以上、50%以下的股东的意志，有可能会影响公司重大决策的执行。

《公司法》第四十三条和第一百零三条对“重大事项一票否决”也有相关规定。

4. 要约收购：30%

要约收购是指收购人通过向目标公司的股东发出购买其所持该公司股份的书面意见表示，并按照依法公告的收购要约中所规定的收购条件、价格、期限以及其他规定事项，收购目标公司股份的收购方式。投资者持有或者通过协议、其他安排与他人共同持有一个上市公司已发行的股份达到30%时，继续进行收购的，应当采用要约收购方式。

我国《证券法》第八十八条规定，通过证券交易所的证券交易，投资者持有或者通过协议、其他安排与他人共同持有一个上市公司已发行的股份达到30%时，继续进行收购的，应当依法向该上市公司所有股东发出收购上市公司全部或者部分股份的要约。第九十六条规定，采取协议收购方式的，收购人收购或者通过协议、其他安排与他人共同收购一个上市公司已发行的股份达到30%时，继续进行收购的，应当向该上市公司所有股东发出收购上市公司全部或者部分股份的要约。但是，经国务院证券监督管理机构免除发出要约的除外。

5. 临时股东（大）会召开和解散公司：10%

公司遇特殊情况可以召开临时股东（大）会，如果董事会（执行董事）监事（会）不履行召集义务时，持有公司10%以上有表决权的股东可以自行召集。例如，公司因股权结构不合理、议事规则不合理等诸多原因，出现僵局时，如出现法律规定严重的情况，达到法定表决权数额——10%的股东可以请求法院解散公司。因此，大股东应尽力依法维护公司的正常运营，同时还要切实保护小股东的利益，不要以为可以为所欲为，当心小股东使出撒手锏。

《公司法》第三十九条规定，代表十分之一以上表决权的股东提议召开临时会议的，应当召开临时会议。第四十条规定，董事会或者执行董事不能履行或者不履行召集股东会会议职责的，由监事会或者不设监事会的公司的监事召集和主持；监事会或者监事不召集和主持的，代表十分之一以上表决权的股东可以自行召集和主持。第一百零一条规定，董事会不能履行或者不履行召集股东大会会议职责的，监事会应当及时召集和主持；监事会不召集和主持的，连续九十日以上单独或者合计持有公司百分之十以上股份的股东可以自行召集和主持。第一百八十二条规定，公司经营管理发生严重困难，继续存续会使股东利益受到重大损失，通过其他途径不能解决的，持有公司全部股东表决权百分之十以上的股东，可以请求人民法院解散公司。

6. 上市公司重大股份变动：5%

投资者或一致行动人持有上市公司已发行股份达5%，及其拥有权益的股份占该上市公司已发行股份的比例每增加或者减少达到或者超过5%的，应当向中国证监会、证券交易所提交书面报告，通知该上市公司，并予公告。

《上市公司收购管理办法》第十三条规定，通过证券交易所的证券交易，投资者及其一致行动人拥有权益的股份达到一个上市公司已发行股份的5%时，应当在该事实发生之日起3日内编制权益变动报告书，向中国证监会、证券交易所提交书面报告，通知该上市公司，并予公告；在上述期限内，不得再行买卖该上市公司的股票。第十四条规定，通过协议转让方式，投资者及其一致行动人在一个上市公司中拥有权益的股份拟达到或者超过一个上市公司已发行股份的5%时，应当在该事实发生之日起3日内编制权益变动报告书，向中国证监会、证券交易所提交书面报告，通知该上市公司，并予公告。投资者及其一致行动人拥有权益的股份达到一个上市公司已发行股份的5%后，其拥有权益的股份占该上市公司已发行股份的比例每增加或者减少达到或者超过5%的，应当依照前款规定履行报告、公告义务。

7. 临时提案：3%

单独或合计持有股份有限公司3%以上股份的股东，可以在股东大会召开10日前提出临时提案。

《公司法》第一百零二条规定，单独或者合计持有公司3%以上股份的股东，可以在股东大会召开十日前提出临时提案并书面提交董事会。

8. 代表诉讼：1%

公司董事、监事、高管有可能为了自身利益而损害公司的整体利益或其他人损害公司利益，如果发生这种情形，股东有权要求公司董事会（执行董事）或监事（会）对侵害公司利益的董事、监事、高管或责任人提起诉讼。如果超过法定期限，公司相关机构不提起诉讼的，股东有权以自己的名义提起诉讼。其中，有限责任公司股东和股份有限公司连续一百八十日以上单独或者合计持有公司1%以上股份的股东可以行使上述权利。

《公司法》第一百五十一条规定，董事、高级管理人员有本法第一百四十九条规定的情形的，有限责任公司的股东、股份有限公司连续一百八十日以上单独或者合计持有公司百分之一以上股份的股东，可以书面请求监事会或者不设监事会的有限责任公司的监事向人民法院提起诉讼；监事有本法第一百四十九条规定的情形的，前述股东可以书面请求董事会或者不设董事会的有限责任公司的执行董事向人民法院提起诉讼。监事会、不设监事会的有限责任公司的监事，或者董事会、执行董事收到前款规定的股东书面请求后拒绝提起诉讼，或者自收到请求之日起三十日内未提起诉讼，或者情况紧急、不立即提起诉讼将会使公司利益受到难以弥补的损害的，前款规定的股东有权为了公司的利益以自己的名义直接向人民法院提起诉讼。他人侵犯公司合法权益，给公司造成损失的，本条第一款规定的股东可以依照前两款的规定向人民法院提起诉讼。

总之，公司设立股权和改变股权都决定着公司和股东个人的根本利益，创业者必须意识到厘清股权分配机制的重要性，坚决避免丧失公司控股权的情况，才能让公司顺利发展，把蛋糕做大。当然，控股权不等于控制权，这也是企业家们应有的常识。

经典案例

小马奔腾对赌案

小马奔腾曾经是中国影视业的耀眼新星，当年，公司创始人李明将吴宇森、宁浩等电影大咖招至麾下，制作出《将爱情进行到底》《武林外传》《无人区》等多部脍炙人口的作品，更因2012年并购好莱坞著名特效公司Digital Domain而声名鹊起，同时又紧锣密鼓地冲击IPO，一度势不可当。但如今，这些都已功败垂成。

2014年1月2日，李明因心脏病突发去世，小马奔腾从此走上了下坡路：姑嫂相争、董事长出局、高管离职、编剧出走、投资者维权……尤其严重的是，李明生前还与投资方建银文化签署了一份对赌协议，约定若小马奔腾未能在2013年12月31日之前实现合格上市，则投资方有权在2013年12月31日后的任何时间，在符合当时法律法规要求的情况下，要求小马奔腾一次性收购建银文化所持有的小马奔腾的股权，小马奔腾不得以任何理由拒绝履行收购义务。

2018年初，中国国际经济贸易仲裁委员会裁决了建银文化与小马奔腾的股权纠纷案，判定小马奔腾董事长李莉、董事李萍姐妹俩对建银文化承担无限连带责任，李明遗孀金燕及其女儿、父母等遗产继承人在继承范围内承担有限责任，责任承担者将接手建银文化持有的小马奔腾股份，并付给建银文化股权转让款6.35亿元。虽然此案并未最终尘埃落定，但早在两年前，小马奔腾为降低办公成本，就把办公地点辗转搬回了李明起家的地方——亚运村汇欣大厦。用小马奔腾一位原高层的话说就是："从起点回到了起点，这么多年的扩张与发展，成了黄粱一梦。"

三、法人治理结构：“三会一层”的组成

法人治理结构也称“公司治理结构”，是现代企业制度中最重要的组织架构。狭义的公司治理主要是指公司内部股东、董事、监事及经理层之间的关系；广义的公司治理还包括与利益相关者（如员工、客户、存款人和社会公众等）之间的关系。公司作为法人，也就是作为由法律赋予了人格的团体人、实体人，需要有相适应的组织体制和管理机构，使之具有决策能力和管理能力，行使权力，承担责任。

1. 法人治理结构的组成

按照《公司法》的规定，法人治理结构由 4 部分组成：股东会或者股东大会、董事会、监事会和高级管理层，见表 2－3。

表 2 - 3　公司法人治理结构的 4 个组成部分

组成部分	内容
股东大会	股东大会是公司的最高权力机构，由公司股东组成，体现的是所有者对公司的最终所有权。股东大会负责选举和更换非由职工代表担任的董事和监事，决定董事和监事的薪酬，审议批准董事会工作报告、监事会工作报告、提名案、年度财务预决算方案、利润分配方案、公司章程修订案、增加或减少注册资本方案、债券发行方案等事项
董事会	董事会是股东大会的执行机构和经营决策机构，向股东大会负责并报告工作。董事会负责召集股东大会，执行股东大会决议，制定年度财务预决算方案、利润分配方案、公司章程修订案、增加或减少注册资本方案、债券发行方案，以及其他章程规定的权限
监事会	监事会是公司的监督机构，向股东大会负责并报告工作。监事会依法对董事和高级管理人员、董事会和高级管理层的履职情况进行监督，检查本公司的财务、风险管理和内部控制，核对董事会拟提交股东大会的财务报告、利润分配方案等财务资料
高级管理层	高级管理层是公司的执行机构，对董事会负责，由董事会聘任，是经营者、执行者。具体职权包括主持日常经营管理，组织实施股东大会、董事会决议，拟定年度经营计划和投资方案，拟定年度财务预算、决算方案，拟定利润分配方案和弥补亏损方案，拟定基本管理制度和具体规章等

2. 建立法人治理结构的原则

作为现代企业制度中最重要的组织架构，公司法人治理结构的建立应当遵循以下 4 项原则，见表 2 - 4。

表 2 - 4　建立公司法人治理结构的 4 项原则

原则	内容
合乎法规原则	公司法人治理结构关系到公司投资者、决策者、经营者、监督者的基本权利和义务，凡是法律有规定的，应当遵守法律规定
职责明确原则	公司法人治理结构的各组成部分应当有明确的分工，在这个基础上各司其职，各负其责，避免职责不清、分工不明而导致的混乱，影响各部分正常职责的行使，甚至整个功能的发挥

续表

原则	内容
协调运转原则	公司法人治理结构的各组成部分是密切地结合在一起运行的，只有相互协调、相互配合，才能有效率地运转，有成效地治理公司
有效制衡原则	公司法人治理结构的各部分之间不仅要协调配合，还要有效地实现制衡，包括不同层级机构之间的制衡、不同利益主体之间的制衡

总之，公司法人治理结构的4个组成部分，都是依法设置的，它们的产生和组成、行使的职权、行事的规则等，在《公司法》中都有具体规定，因此，公司法人治理结构也必然要以法制为基础，按照公司本质属性的要求形成。

3. 法人治理结构要解决的基本问题

法人治理结构存在的意义，是为了避免和解决以下3个涉及公司成败的基本问题，见表2－5。

表2－5 法人治理结构要解决的3个基本问题

序号	问题
1	保证投资者（股东）的投资回报，即协调股东与企业的利益关系。在所有权与经营权分离的情况下，由于股权分散，股东有可能失去控制权，企业被内部人（即管理者）所控制。这时控制了企业的内部人有可能做出违背股东利益的决策，从而侵犯股东的利益。这种情况引起投资者不愿投资或股东“表决”的后果，会有损企业的长期发展。公司治理结构正是要从制度上保证所有者（股东）的控制与利益
2	协调企业内各利益集团的关系，包括对经理层与其他员工的激励，以及对高层管理者的制约。这个问题的解决有助于处理企业各集团的利益关系，又可以避免因高管决策失误给企业造成的不利影响
3	制定和规范议事规则，包括公司的组织章程、管制架构、董事提名的程序、董监高的聘用、独立董事制度、审计委员会/提名委员会/薪酬委员会的议事规则、内审制度等，这些规则构成了企业治理的基石和基础，决定和影响了企业的决策、运营管理风格和企业文化

企业可在引进投资时，由投资人牵头系统构建企业的法人治理结构，而规范高效的治理结构又会成为下轮融资和上市的亮点。所以，法人治理结构非常重要，是公司走向正轨并茁壮成长的重要节点。

四、一致行动人：保障企业的实际掌控

资本市场上风起云涌的并购重组浪潮是现代企业制度最真实的写照。企业创始人想在低股权比例情况下保有企业控制权，企业投资者想通过“结盟”方式取得企业话语权，均离不开企业并购中一个重要的概念——“一致行动人”，企业控制权之争的关键即在于此。

下面介绍一下如何界定一致行动人，如何理解股权融资中的一致行动人的相关问题。

1. 一致行动人的界定

一致行动，指投资者通过协议、其他安排，与其他投资者共同扩大其所能够支配的一个上市公司股份表决权数量的行为或者事实。狭义上是指在上市公司收购过程中，联合起来收购一个目标公司股份并就收购事项达成协议的两个或两个以上的人，也就是联合收购人；广义上不仅包括联合收购人，还包括在证券交易和股东投票权行使过程中采取共同行动的人。

《上市公司收购管理办法》第八十三条规定："在上市公司的收购及相关股份权益变动活动中有一致行动情形的投资者，互为一致行动人。如无相反证据，投资者有下列情形之一的，为一致行动人：（一）投资者之间有股权控制关系；（二）投资者受同一主体控制；（三）投资者的董事、监事或者高级管理人员中的主要成员，同时在另一个投资者担任董事、监事或者高级管理人员；（四）投资者参股另一投资者，可以对参股公司的重大决策产生重大影响；（五）银行以外的其他法人、其他组织和自然人为投资者取得相关股份提供融资安排；（六）投资者之间存在合伙、合作、联营等其他经济利益关系；（七）持有投资者30%以上股份的自然人，与投资者持有同一上市公司股份；（八）在投资者任职的董事、监事及高级管理人员，与投资者持有同一上市公司股份；（九）持有投资者30%以上股份的自然人和在投资者任职的董事、监事及高级管理人员，其父母、配偶、子女及其配偶、配偶的父母、兄弟姐妹及其配偶、配偶的兄弟姐妹及其配偶等亲属，与投资者持有同一上市公司股份；（十）在上市公司任职的董事、监事、高级管理人员及其前项所述亲属同时持有本公司股份的，或者与其自己或者其前项所述亲属直接或者间接控制的企业同时持有本公司股份；（十一）上市公司董事、监事、高级管理人员和员工与其所控制或者委托的法人或者其他组织持有本公司股份；（十二）投资者之间具有其他关联关系。"

第八十三条规定关于一致行动人的界定采取了"推定式"，即如果条款所列举的12种投资者没有相反证据否定"构成一致行动”，则会被推定为构成一致行动人。实务中，多从4个方面进行界定：第一，采取一致行动的法律依据是协议、协定、合同、章程等方式；第二，采取一致行动的手段是取得一家目标公司的投票权或表决权；第三，采取一致行动的方式是主动、积极进行共同行为的合意；第四，采取一致行动的目的是为了体现对目标公司控制权的取舍。

2. 一致行动≠关联关系

在企业财务和经营决策中，如果一方有能力直接或间接控制、共同控制另一方或对另一方施加重大影响，或者如果两方或多方同受一方控制，则将该各方视为关联人。从《上市公司收购管理办法》第八十三条对“一致行动”的界定可知，一致行动人比关联关系人范围更大，即关联关系人必为一致行动人。但两者也存在明显的差别，前者重在“行动”，一般不涉及资金流动或者资产所有权转移；后者则重在“交易”，旨在进行资金或资产的转移。在外部监管目的上，对前者主要是防止股东通过“隐蔽”方式干涉公司的管理和经营，赋予“一致行动人”严苛的信息披露义务；而对后者的监管，则是为了防止关联公司之间的“交易”不公允或进行虚假交易，损害非关联股东的利益。

3. 股权融资中的一致行动人

在企业持续发展、多轮融资直至上市的过程中，创始团队的持股比例会逐步稀释下调，如何保障企业沿着预定发展战略持续推进、保持对经营管理的掌控权，成为极大挑战。而这两年因争夺控制权发生问题的频率越来越高，国美、雷士照明等都纷纷爆发大战，而还没有被媒体曝光的企业更是不胜枚举。

在遵守法律法规、公司治理规则的前提下，创始团队保持控制权的方式多种多样，有的通过设立 A、B 股来提升创始团队的投票权，有的通过双 GP 的产业并购基金来扩大经营影响，还有的不断扩充白武士的拉长名单，更多的则是通过建立一致行动人来保障企业的实际掌控。

一致行动人在企业起步融资阶段就可设计和规划，创始人通过协议、公司章程来约定和联合创始人、经营团队、机构投资人的代表权利和权益，从而保持对企业经营的实际掌控。

五、高段位控制：资本源的博弈

现代企业起源于西方，与之相伴生的是控制哲学。

企业对资源的控制一般表现为对资金、专利或专有技术、原材料供应、分销渠道等资源及资源使用方法的积累与控制。在企业资源要素中的一些关键资源如技术、知识产权、人力资本、客户、供应链体系等，是战略的胜负手。如果企业段位高超，资本运营也是其一，而高段位的控制，实质上是针对资本源的博弈。

1. 什么是企业的关键资源？

资源就是企业所控制的能够使企业构思和设计好的战略并得以实施，从而提高企业效果和效率的特性，包括全部的财产、能力、竞争力、组织程序、企业特性、信息、知识等。企业的关键资源主要有以下几类，见表2-6。

表 2－6　企业的关键资源

关键资源	内容
金融资源	来自各利益相关者的货币资源或可交换为货币的资源，如权益所有者、债券持有者、银行的金融资产等，企业留存收益也是一种重要的金融资源
实物资源	包括实物技术（如企业的计算机软硬件技术）、厂房设备、地理位置等
人力资源	企业中的训练、经验、判断能力、智力、关系以及管理人员和员工的洞察力、专业技能和知识、交流和相互影响的能力、动机等
信息资源	丰富的相关产品信息、系统和软件、专业知识、深厚的市场渠道，通过此渠道可以获取有价值的需求供应变化的信息等
无形资源	技术、商誉、文化、品牌、知识产权、专利
客户关系	客户中的威信、客户接触面和接触途径、能与客户互动、参与客户需求的产生、忠实的用户群
公司网络	公司拥有的广泛的关系网络
战略不动产	相对于后来者或位置靠后些的竞争者来说，战略不动产能够使公司进入新市场时获得成本优势，以便更快增长，如已有的设备规模、方便进入相关业务的位置、在行业价值链中的优势地位、拥有信息门户网络或服务的介入等

2. 什么是关键资源能力？

关键资源能力，泛指那些商业模式运转所必需的相对重要的资源和能力。企业内的各种资源能力的地位并不是均等的，不同商业模式能够顺利运行所需要的资源能力也各不相同。

如何具体地把握呢？

一是根据商业模式的其他要素的要求确定，例如，不同业务系统需要的关键资源能力就是不相同的，不同盈利模式需要的关键资源能力也不一样。

二是以关键资源能力为核心构建整个商业模式，常见做法包括但不限于：以企业内的单个能力要素为中心，寻找、构造能与该能力要素相结合的其他利益相关者；对企业内部价值链上的能力要素进行有效整合，以创造更具竞争力的价值链产出。

3. 股权融资中的关键资源控制

上市公司争夺、家族企业内斗的情况不时见诸报端，但更多未浮出水面的类似案例不胜枚举。在资本大棒面前，企业几乎处于被动挨打的局面。然而，也有许多创业企业通过对关键资源的控制，取得了新的平衡或获得企业控制权。

换句话说，企业要么控制资源，要么被资源控制。

对此，企业一方面要对外建立壁垒，构筑竞争力强的护城河；另一方面也要从内部自我构筑，加强对关键资源的控制。因为随着企业股权融资的推进和上市进程的启动，某些方面的竞争必然会上升到资本运营的层面。

为捍卫公司利益，杜绝恶意收购的黑武士和被别有用心的公司控制，企业还得在公司章程和实际运作中设立层层防线，如出售公司关键资产的“毒丸策略”（目标公司向普通股股东发行优先股，一旦公司被收购，股东持有的优先股就可以转换为一定数额的收购方股票），加大公司被恶意收购成本的“金色降落伞计划”（按照聘用合同中公司控制权变动条款对高层管理人员进行补偿的规定），还有中国版的“挟天子以令诸侯计划”（关键客户资源和利益捆绑、人力资本）。如果企业段位高超，联合白武士发起反向收购也是其一。

这个段位的博弈，需要高超的财技和运营策略，建议企业在公司融资阶段聘用有股权融资和并购重组经验的律师及专业投资顾问，通过一系列的流程、协议、法律文件、章程等构筑企业强有力的基石，迎接资本市场上的纵横捭阖、大风大浪。

经典案例

万科股权争夺战

数据显示，自2015年6月起，姚振华率队的宝能系便开始对万科实施“野蛮”收购计划；到12月，万科股权争夺战升级至白热化。宝能系豪掷400亿元连续增持万科股票，如果其持股比例达到30%，将会成为控股股东。王石则明确表态不欢迎宝能，而宝能也予以回应。12月18日，万科A股股票上午涨停，也就是说，姚振华的又一笔大钱砸进去了，拉高了万科股价。

12月18日中午，作为应对，万科施出“毒丸”，宣布临时停牌，公告称正筹划股份发行。其目的有二：一是以实际行动威慑恶意收购的宝能；二是通过大量低价增发新股，让宝能手中的股票占比下降（摊薄股权），同时增大其收购成本，让其无法达到控股目标。最终的结果远比我们想象的更有戏剧性：前海激怒了董明珠，董明珠一通痛批，国家部门也发了话，不能用公众资金对赌股市，前海、宝能等资本方赶紧收手，万科股权争夺战不了了之。

综合来看，它不失为一件好事。这是对万科的历练，是对宝能的影响力的提升，也是对其他企业的提醒。

六、股权结构和期权池

企业业务的扩张和规模的扩大需要对接投资机构和资本市场，不断稀释股权，融来资金。在对接投资机构和资本市场的过程中，股权结构是基础，要明晰、简单。“明晰”，指股东数量和股比、代持人、期权池等要清晰明了，不能含糊其词；“简单”，指股东不宜太多，初创公司最科学的配置是3个人，人数不太多，好沟通，且有缓冲地带。

1. 股权分配最简单的算法

几个合伙人怎么分配股权？这是合伙最基本的问题，也是最容易碰到的问题。尤其是在有人出人不出钱，有人出钱不出人时，没经验的往往不知如何下手。为方便起见，下面举例说明：

假设有甲、乙、丙三人，拟合伙创建一家互联网公司。首先，他们要预估一下需要多少启动资金，包括办公、水电、人员工资等，计算要花多少钱才能坚持到盈亏平衡，坚持到拿到融资。核算结果是，根据项目调研和市场预期，需要50万元，就能当月持平；悲观些，万一出意外，也不超 80 万元。

其次，要估算这个公司是人的因素重要一些，还是钱的因素重要一些。通常，在传统行业钱更重要，譬如开饭店；而互联网行业，人更重要一些。三人核计，初创公司，找人投资比较难，第一笔钱只能自己掏了，这样也能快点启动。虽然钱不算太多，但这个时候的钱很重要，40% 的股权给出钱的人，剩余的 60% 留给出力的人，比较合适。

甲表示可以出 20 万元，乙表示没有钱，丙表示出 60 万元。那么在这 40% 的股权中，甲占 1/4，也就是总数的 10%；乙没出钱，不占股份；剩下的 30% 归丙。除去这 40%，还有 60% 的人力股。三人合伙，各自的能力和资源彼此都比较熟悉。丙在工作中帮不上忙，就不参与这个分配了。同时，考虑到未来的发展，预留 10% 的股权作为员工期权。这样，60% 的人力股，就剩下 50% 供甲乙二人分配。经过一番讨论和评估、计算，两人都认可六四分，即甲 30%，乙 20%。

最后，连同前面的资金股，现在的股权结构是甲 40%，乙 20%，丙 30%，员工期权 10%，三方均能接受，也比较合理。

上例中，并没有考虑控股等因素，只是用相对简单的方式，就合伙人之间出钱出人不对等的情况下如何计算股权做了简要说明。在实际操作中，肯定还要考虑合伙人之间的关系、核心创始人的威望等因素，不容忽略。

2. 如何设置和控制期权池

在引进外部资金，尤其是机构投资时，往往会要求企业建立期权池，以激励和招徕优秀人才加盟公司事业，往往由公司创始大股东代持，结合公司业绩和上市进程，每年兑现其中的一部分。但许多公司在这方面的理解和操作都比较模糊，股权、期权的激励模式不清晰和不公开，造成了近些年一些公司的纠纷和摩擦，加剧了内耗。

在上面的例子中，创业公司设置了10%的期权池，随着公司的发展，一轮一轮融资，以后还会不断把股权放进期权池。对创始人来说，如果能控制期权池，就等于在股东会上多了一份话语权，甚至凭此取得控股地位。那么如何设置和控制这个期权池？

比较简易的方式是将公司设立为有限合伙公司，创始人作为普通合伙人（GP），其他员工作为有限合伙人（LP），这样创始人便拥有了该有限合伙公司的管理权，同时用这个有限合伙公司占有原公司的股份。员工实际持有的是该有限合伙公司的股份，间接享受原公司的经营收益。

根据国内法律，公司的股东数量不能超过50人，如果享受期权池的员工数量多，则可以设立多层有限合伙公司。举例操作如下：

公司创始人（一个或多个）先成立一个名为创始人公司的公司；创始人公司与1～49号员工成立一个有限合伙公司，创始人公司为GP；创始人公司与50～98号员工成立第二个有限合伙公司，创始人公司为GP；创始人公司与99～147号员工成立第三个有限合伙公司，创始人公司为GP……直到把所有享受期权池的员工包含进来为止。最后，创始人公司与这些有限合伙公司，共同组建一个创始人有限合伙公司，由创始人公司担任 GP。该公司成为原公司的股东，实际控制人是创始人团队。

当然，也可以通过股权代持的方式来实现对期权池的控制，但实际执行中，多数员工并不认可代持，从而使期权的激励效果大打折扣。

第三章　击碎瓶颈：通过股权融资，解决资金需求

一、风险投资

二、私募股权融资

三、上市融资

四、企业股权融资的关键五步

五、避开股权融资协议里的致命陷阱

股权融资指企业出让部分所有权，通过引进新的股东实现企业增资的融资方式。股权融资所获得的资金无须还本付息，但新股东将与老股东分享企业的盈利与增长。股权融资是中小企业最为理想的融资途径，中小企业下好股权融资这盘棋，融资难这个瓶颈便不复存在。

一、风险投资

风险投资（VC），简称风投，指风险基金公司用他们筹集的资金投入他们认为可以赚钱的行业和产业的投资行为。风投的对象多为高风险的高科技创新企业。当然，这种投资一旦成功，收益也非常大。如阿里巴巴，我们知道其背后的投资人是孙正义，回报是多少呢？高达2500倍！

在世界范围内，中小企业都存在着一个难以逾越的“死亡谷”，也就是在企业初创阶段，人才有缺口，技术有缺陷，管理不到位，资金极少甚至干脆没有。数据显示，有近九成的企业会因为资金问题夭折在“死亡谷”。这一阶段的企业很难从银行取得贷款。表面上看，这是银行嫌贫爱富的本质决定的，然而就算是天使资金，也不能白做天使，风控是任何金融机构与金融大鳄首先需要考虑的问题。风投也是如此，他们尤其注重风控，因为他们的资金数额非常巨大，动辄上亿，必须小心谨慎。

风投是舶来品，在美国已有相当长的历史，有很多既有技术背景，又有经营管理知识的专业人才，更不乏一些全球知名的风投公司，如红杉资本、老虎基金、德丰杰、凯雷投资、华登国际等。风险投资还有另外一个名字，叫作“创业投资”，究其原因，就在于发达国家的创业者早已形成创业必先找风投的传统。他们的风投文化很发达，风投法律也很全面，尤其是在美国硅谷，很多从惠普、英特尔等大公司退休的成功人士并不满足于退休状态，而是喜欢跟年轻人混在一块儿，只要年轻人有想法，他们就给年轻人投资。在美国，几乎所有的新兴创业企业，包括苹果、脸书、推特等大公司，早期都获得过风投。

一般来说，企业引进风险投资的步骤如下，见表3－1。

表3－1　企业引进风险投资基金的步骤

步骤	内容
熟悉融资过程	在进入融资程序之前，首先要了解创业投资家对产业的偏好，特别是他们对一个投资项目的详细评审过程。要学会从他们的角度来客观地分析本企业。很多创业者出身于技术人员，很看重自己的技术，对自己一手创立的企业有很深的感情。其实投资者看重的不光是技术，而是由技术、市场、管理团队等资源配置起来而产生的盈利模式。投资者要的是回报，不是技术或企业

续表

步骤	内容
发现企业价值	通过对企业技术资料的收集、详细的市场调查和管理团队的组合，认真分析从产品到市场、从人员到管理、从现金流到财务状况、从无形资产到有形资产等方面的优势、劣势。把优势的部分充分地体现出来，对劣势的部分创造条件加以弥补。要注意增加公司的无形资产，实事求是地把企业的价值挖掘出来
写好商业计划书	商业计划书是获得创业投资的敲门砖。商业计划书的重要性在于，首先，它能使创业投资家快速了解项目的概要，评估项目的投资价值，并作为尽职调查与谈判的基础性文件；其次，它作为创业蓝图和行动指南，是企业发展的里程碑。编制商业计划书的理念：一是为客户创造价值，因为没有客户价值就没有销售，也就没有利润；二是为投资家提供回报；三是作为指导企业运行的发展策略。站在投资家的立场上，一份好的商业计划书应该包括详细的市场规模和市场份额分析；清晰明了的商业模式介绍，集技术、管理、市场等方面人才的团队构建；良好的现金流和实事求是的财务计划
推销你的企业	可以通过各种途径包括上网、参加会议、直接上门等方式寻找创业资本，但最有效的方式还是要通过有影响的人士推荐。这种推荐使投资者与创业企业家迅速建立信用关系，消除很多不必要的猜疑、顾虑，特别是道德风险方面的担忧。要认真做好第一次见面的准备，以及过后锲而不舍的跟踪，并根据投资家的要求不断修改商业计划书的内容
价值评估与尽职调查	与创业投资家接触。随着接触的深入，如果投资者对该项目产生了兴趣，准备做进一步的考察，为此，他将与创业企业签署一份投资意向书，接下来的工作就是对创业企业的价值评估与尽职调查。通常创业者与投资家对创业企业进行价值评估时着眼点是不一样的。一方面，创业者总是希望尽可能提高企业的评估价值；另一方面，只有当期望收益能够补偿预期的风险时，投资家才会接受这一定价。所以，创业者要实事求是地看待自己的企业，配合投资家做好尽职调查，努力消除信息不对称的问题
交易谈判与协议签订	双方还将就投资金额、投资方式、投资回报的实现、投资后的管理和权益保证、企业的股权结构和管理结构等问题进行细致又艰苦的谈判。如达成一致，将签订正式的投资协议。在这个过程中，创业企业要摆正自己的位置，要充分考虑投资家的利益，并在具体的实施中给予足够的保证。要清楚，吸引创业投资的不仅是资金，还有投资后的增值服务

中国风投行业起步于20世纪80年代，发展于90年代，进入21世纪开始步入快速发展阶段，几乎与改革开放的步伐和节奏同步。20世纪90年代初，搜狐、百度、腾讯等今天已名满全球的企业开始获得VC注资，后来，随着更多的资本进入中国，再加上民族资本的崛起，国内资本市场最终形成了VC、PE、天使各司其职的格局。

最初的风投均来自海外，稍后成长起来的本土风投家也大多有海归背景或侨民身份。如今，中国经济今非昔比，当初靠风投起家的那些小企业主也已成长为资本大鳄，如百度、阿里、腾讯、京东等公司，都已是著名的财团，在不断做大做强的同时，他们也早就开始了战略布局，四处投资，特别是那些离自己的产业链较近的创业公司。这对广大创业者来说，无疑是好事一桩。

与此同时，资本圈也生出了不少害群之马，动辄打着风投的名义多行不义。他们深知自己的资本优势是创业者难以弥补的短板，而且是急需的、必需的，每每乘创业者急需资金之际，千方百计掠夺创业公司的资产与权益，赚了钱强伸手，亏了钱找麻烦。对此，创业者不能看到风投就马上双眼放光。融资的核心是价值，不是为了拿钱而拿钱。如果你有价值，就充分展示你的价值。如果对方也认可你的价值，要坚守自己的价值，大大方方、坦坦荡荡地跟风投谈判，不要轻易贱卖每一份股权。融资也需要看缘分，门口的“野蛮人”，千万别让他进来。

二、私募股权融资

私募股权融资，也就是上文提到的PE，指的是融资者通过协商、招标等非社会公开方式，向特定投资人出售股权进行的融资。私募股权融资具有一些显著的特点：一是在融资上，主要通过非公开方式面向少数机构投资者或个人募集，绝少涉及公开市场的操作；二是权益型融资；三是私营公司和非上市企业居多；四是融资期限较长，一般可达3~5年或更长；五是投资退出渠道多样化。

顺丰快递是一个很不错的例子。众所周知，顺丰快递于2017年成功在深圳证券交易所敲钟上市，股价高开高走，市值迅速上扬，顺丰董事长王卫身价一度飙升至1200亿元。其实，这并不是顺丰首次通过股权融资。早在2013年，顺丰即通过私募方式，一次性引进了“元禾顺风”“嘉强顺风”“招广投资”“古玉秋创”4家具有国资背景的投资机构的战略投资，出让股份近25%。正如王卫强调的，顺丰一直都不差钱，但为了更好地发展，顺丰必须不断地对接资本市场，以便更好地适应未来的环境变化。

通常情况下，做私募股权融资时，相应的尽职调查比商业银行要详细得多，这是因为私募股权投资项目流动性相对较差，只能通过兼并、收购时的股权转让和 IPO 时才能退出。其具体流程如下，见表 3－2。

表 3－2　企业私募股权融资的流程

阶段	步骤
第一阶段：准备材料	企业方和投资银行（或者融资顾问）签署服务协议。这份协议包含投资银行为企业获得私募股权融资提供的整体服务
	投资银行立刻开始和融资企业组建专职团队，准备专业的私募股权融资材料
	私募股权融资材料包括：（1）私募股权融资备忘录——关于公司的简介、结构、产品、业务、市场分析、竞争者分析等（这份备忘录以 PPT 形式出现，共 20～30 页）；（2）历史财务数据——企业过去 3 年审计过的财务报告；（3）财务预测——在融资资金到位后，企业未来 3 年销售收入和净利润的增长（PE 通常依赖这个预测去进行企业估值，所以这项工作是非常关键的）
	投资银行与企业共同为企业设立一个目标估值，即老板愿意出让多少股份来获得多少资金。笔者通常建议，企业出让不超过 25% 的股份，尽量减少股权稀释，以保证老板对企业的经营控制权
	准备私募股权融资材料。投资银行开始和相关 PE 的合伙人开电话会议沟通，向他们介绍公司的情况
	投资银行会把融资材料同时发给多家 PE，并与他们就该项目的融资事宜展开讨论。这个阶段的目标是使最优秀的 PE 合伙人能够对公司产生兴趣
	通常，投资银行会代替企业回答 PE 的第一轮问题，并且与这些 PE 进行密集的沟通。目标是决定哪一家 PE 对公司有最大的兴趣，有可能给出最高的估值，有相关行业投资经验，能够帮助公司成功上市
	过滤、筛选出几家最合适的投资者。这些投资者对企业所在行业非常了解，对公司非常看好，会给出最好的价钱

续表

阶段	步骤
第二阶段：签订投资意向	安排 PE 的合伙人和公司老板面对面会谈。投资银行通常会派核心人员参加所有会议，给老板介绍 PE 的背景，帮助老板优化回答问题的方式，并且总结和 PE 的所有会议
	实地考察。PE 会去实地调查工厂、店铺或者其他的公司办公地点。这个阶段，老板不一定要参加，派相关人员陪同即可。但投行会全程陪同 PE，保证他们的所有问题都能被解答
	投资意向书，目标是获得至少两到三家 PE 的投资意向书。投资意向书是 PE 向企业发出的一份初步的投资意向合同。这份合同会定义公司估值和一些条款（包括出让多少股份、股份类型，以及完成最终交易的日程表等）
	最好的情况是，获得若干投资意向书，形成相当于拍卖形式的竞价，以期为企业获得最好的价格
	投行会和老板共同与私募股权投资基金谈判，帮助老板获得最好的价格和条款
	由老板决定接受哪个私募股权投资基金的投资，并签订投资意向书
第三阶段：尽职调查	尽职调查开始。投资银行将协调组织整个过程，并且保证公司的律师、审计师和 PE 的律师、审计师等相关人员紧密顺利地合作
	尽职调查包含三个方面：（1）财务方面，由 PE 聘请并支付费用的会计师事务所完成。他们对企业的历史财务数据进行分析。（2）法律方面，由 PE 聘请并支付费用的律师事务所完成。他们对企业的法律文件、注册文件、许可证及营业执照进行核实。（3）经营方面，由 PE 方的人员完成。他们对企业的经营、战略和未来商业计划进行分析
	在向 PE 以及他们聘请的法律和财务顾问发出这些尽职调查资料前，需要认真检查，以确认上述资料的准确性及充分反映企业的积极信息
	PE 对企业的尽职调查过程中，投资银行通常会进行日常监督和管理，以确保尽职调查的顺利进行和来自 PE 及企业老板的所有疑问都被解答
	最终合同。尽职调查结束后，PE 将会发出最终投资合同。这份合同达数百页，非常详细。投资银行会和企业老板一起与 PE 谈判并签署协议。这是一个强度非常高的谈判过程
	签署最终合同，资金在 15 个工作日到公司账户上

私募的特点是灵活与成本低，而这主要是因为私募资本存在

一定的非正规性和低监管性。换句话说，这里面存在很多显性与隐性的风险，如金融诈骗等。抛开那些刻意为之的诈骗不谈，避免相应风险，首先需要对相应规则做深入了解，然后在此基础上拟订或审核对方拟订的协议，才不至于一开始就陷入对方的文字陷阱。

一份标准的私募股权融资协议，通常需要涵盖以下八大条款：业绩对赌条款、一票否决权、反稀释条款、回购权、共同出售权、强卖权、优先购买权、陈述与保证。下面我们逐一介绍。

1. 业绩对赌条款

业绩对赌条款，即收购方与出让方在达成投资协议时，对于未来公司经营业绩的约定。如果没有达到约定业绩，投资方可以行使某种权利；如果达到约定的业绩，融资方则行使某种权利。该条款是以被投资企业未来的经营业绩为对赌的标的，以企业家和私募股权投资者之间相互转让一部分股权或退回一部分投资款作为赌注，以激励企业管理层努力工作并且达到调整企业估计目标的条款。

对赌协议不违反法律的强制性和禁止性规定，以企业财务指标作为对赌条件的对赌协议是具有法律约束力的，合法有效。当然，上市公司对于业绩对赌或者上市对赌均有相关的准则，在拟定相关协议时需要注意这些准则的规定及其变化，并采取相应的风险规避措施。

2. 一票否决权

私募股权投资者往往会在融资协议中确定在特定事项中拥有

一票否决的权力。

在标的公司首次公开发行股票并上市之前，以下主要事项应当按修订后的公司章程所规定的决策机制，由公司董事会或者股东大会审议通过：如公司合并、分立、被收购、解散、清算或变更公司的形式；公司业务范围、本质或者业务活动的重大改变；并购和处置（包括购买及处置）超过了万元的主要资产；商标、专利，以及专有技术等知识产权的购买、出售、租赁及其他处置；公司向银行的单笔贷款超过500万元或累计超过1000万元的额外债务等。如系董事会决议事项，必须经标的公司董事会至少一名投资方董事的投票确认方可形成决议；如系股东大会决议事项，必须经出席股东会议的股东或者股东代表所持表决权三分之二以上，同时需要甲方的股东代表同意，方可形成决议；

3. 反稀释条款

反稀释条款也称反股权摊薄条款，是指在目标公司进行后续融资或定向增发过程中，投资者为避免其股权比例，即每一股所代表的价值或所持股权总额代表的价值被过分摊薄而在投资协议中约定的条款。一般来说，在私募中，目标公司通过向投资者发行可转换证券而募集资金时需要使用反稀释条款。

实践中，反稀释条款有两种形式：棘轮条款和加权平均反稀释条款。这两种形式的最大区别是：前者不考虑新发行股份的数量，只关注发行价格；后者将数量和价格一并予以考虑。

4. 回购权（回赎权）

如果被投资企业在经营过程中发生状况，如在约定的期限内没有上市，或者经营出现重大问题时，那么被投资企业或企业原始股东有义务按事先约定的价格，回购私募股权投资者所持有的全部被投资企业的股权，从而实现私募股权投资者退出被投资企业的目的。

回购私募股权投资者的股权主体是被投资企业和企业原始股东。但如果被投资企业回购，需要复杂冗长的减资程序，同时减资按公司净资产所支付给股东的款项与回购价格之间的差额还需设计一个弥补机制，如服务费、咨询费协议等。

5. 共同出售权

共同出售权是指在企业原始股东想要出售股份时，作为小股东的私募股权投资者有权与这些股东一起出售。

原股东经投资方书面同意向公司股东以外的第三方转让其股份时，投资方有权按第三方给出的相同条款和条件，根据原股东及投资方当时的持股比例共同出售股份。投资方选择按相同条款和条件与原股东按持股比例共同出售股份给同一受让方的，原股东应保证收购方优先购买投资方的股份。

6. 强卖权

如果被投资企业发生诸如未能在约定的期限内上市等情形，那么私募股权投资者有权强制性要求公司的原有股东（主要是创始人股东和管理层股东）与自己一起向第三方转让股份，原有股东应按私募股权投资者与第三方达成的转让价格和交易条件出售股份。

7. 优先购买权

优先购买权，是指当被投资企业原始股东对外转让股权时，私募股权投资者有在相同条件下优先购买原始股东对外转让的股权的权利。

8. 陈述与保证

陈述与保证，是指被投资企业、企业原始股东以及私募股权投资者对于事实情况的陈述和对于特定事项的保证，是今后承担法律责任的依据和基础。

原股东和标的公司在此特别向投资方声明、保证和承诺如下：

一是信息披露。基于本次交易之目的，向投资方提供的全部书面文件资料和通过口头、电子等其他非书面方式提供的信息均是真实、准确、完整和有效的，没有重大遗漏或误导性陈述，其所提供的书面文件的复印件均与原件一致、副本均与正本一致。鉴于该等信息是投资方对标的公司进行投资决策所依赖的重要材料，如果出现任何虚假、隐瞒和不实，将承担一切赔偿责任。

二是合法设立、有效存续并依法运作。标的公司有效存续，并通过历年工商年检手续，不存在任何可能导致其终止、停业、解散、清算、合并、分立或丧失法人资格的情形或法律程序。标的公司不存在违反其章程条款以及营业执照规定的情形。原股东承诺，标的公司将进一步依法建立健全法人治理结构，完善和规范公司股东大会、董事会、监事会的运作。

最后要说的是，近年来，私募以其灵活性越来越受到企业及创业者的欢迎。有许多创业公司因为它选择了避开公开发行股票，如 Uber 这样的公司，已经完成了 K 轮或者 N 轮融资，上市的诱惑力对它来说已经没那么强烈。但这并不是说私募就一定强过上市融资，抛开上市依然是当前的融资主流渠道不谈，最重要的还是把握住“合适”二字。

三、上市融资

上市，不加特殊说明的话，通常是指企业通过证券交易所公开向投资者发行股票、募集资金的过程。上市即公募，与前面讲过的私募相比，其优点是受众广泛，筹资潜力大，溢价较高，流程规范，平台强大。但因为涉及公众利益，因此受政府主管部门的严格监管，费用较高，灵活性较低。

股票与股票市场最早问世于1602年的荷兰。当时，荷兰为了向东方进行殖民掠夺，成立了荷属东印度公司，并通过发行东印度公司股票一举筹集了650万荷兰盾，其中仅阿姆斯特丹市的居民就认购了57%。分散在社会上的财富，就这样变成了荷兰殖民者对外扩张的资本。经过数十年发展，荷兰成为全球瞩目的“海上马车夫”，实现了小国崛起，垄断了80%的海上贸易。不过，东印度公司发行股票后，长期没有派发红利，他们愿意把收益用在盖房、造船、继续打造贸易体系上，这让出钱购买了股份的荷兰民众难以接受。于是，荷兰又出现了全球第一个股票交易所，规定只要股民愿意，随时可以通过股票交易所将自己的股票变现，后来又有了专门的经纪人撮合交易。不久，解决资金拥堵问题的阿姆斯特丹银行也随之诞生。就这样，荷兰人创造出了一个涵盖股份公司、证券交易所、股民、银行、撮合人在内，并且辐射全民的全新金融体系。

自问世以来，股票及相应的融资制度已经走过了400余年，在中国也已经将近百年。在孙中山先生的倡议与努力下，1920年中国就有了证券交易所，但之后一波三折，直到1990年末，深圳证券交易所与上海证券交易所相继成立，中国的股票市场及相应机制才驶入快车道。最初，中国政府设立证券交易所的目的很简单，就是为国企发展与改革开辟融资渠道，后来随着中国经济特别是民营经济的稳步发展，中国A股逐渐发展成为国企与民企分庭抗礼的格局。1990年A股市场只有10只股票，而截至2018年7月已经有3478只。也就是说，20多年里有3378只股票登陆A股，每年都有数百只，比例不算小。

尽管登陆A股有一定的门槛，特别是在监管不断趋严的当下，但创业板、中小板、新三板的开通，为企业特别是中小企业融资开辟了新的途径。

经典案例

“云南文化”

“云南文化”是云南杨丽萍文化传播股份有限公司的证券简称，证券代码为831239。2011年，杨丽萍斥资100万元，创办了云南杨丽萍文化传播有限公司。2012年9月增资至500万元，新增资本中的150万元由深圳市创新投资集团等五家投资者认购，增资价为20元/股。“云南文化”在新三板挂牌时，公司股本为3000万股。挂牌后，于2015年5月完成了一次定增，新发行股本260万股，每股价格11.33元，募集资金总额2945.8万元，公司股本扩充至3260万元。按发行价计算，市值为3.7亿元。2015年6月23日起，公司开始转为做市方式转让。截至2015年7月3日，公司的交易价格约为22元，市值约7.2亿元。2014年，“云南文化”实现的净利润为1700万元，这意味着该公司的市盈率为42倍，这就是上市的诱人之处。

在全球化的今天，海外上市早已屡见不鲜。腾讯、阿里、京东、百度、小米、网易、搜狐，这些知名企业没有一家是在国内上市的。360、暴风，则是先在海外上市然后回归A股的。上市，主要是为了融资，具体在哪里上市，真没必要计较，先把这一步蹚出去再说。

当然，企业上市终究是一项纷繁浩大的系统工程，需要提前一到两年时间（甚至更长）做各项准备工作。它也是一项专业性极强的工作，需要编写的各项文件资料就多达40种以上。所以按国际惯例，在企业股改上市过程中都需聘请专业的咨询机构进行专业运作。

公司上市融资大致要经历以下步骤，见表3-3。

表 3-3 企业上市融资的步骤

序号	内容
1	拟写公司上市方案及可行性报告
2	聘请律师介入为公司完善有关公司管理的法律文件，按《公司法》的规定完善公司的组织机构，并拟写、整理有关公司上市的法律文书，如有涉诉案件的，律师代理完成有关诉讼工作
3	聘请注册会计师介入完成有关公司上市的审计工作，并完善财务报表和原始凭证
4	聘请券商进行上市辅导、推荐
5	律师出具法律意见及有关上市法律文件报证监会审批
6	获得审批

四、企业股权融资的关键五步

所谓“闻弦歌而知雅意”，了解了投资机构的运营步伐，在与资本共舞时才会掌握基本舞步，推进动作自然流畅，从而共谱创投华章，实现双赢。具体来说，企业对接股权融资的关键五步如下：

1. 融资前的准备

第一，要有清晰的战略规划和资本规划。在企业选好赛道，组建好创始团队，整装待发攀向事业高峰前，往往需要勾勒出公司未来的使命、愿景和价值观，同时还要细致梳理出企业的发展战略和资本规划，以支持企业远征军目标的达成。这个环节也是体现创始人胸怀、格局和资本意识的阶段。没有清晰的上市计划和资本规划的创业项目无法取得资本机构的青睐，毕竟对投资机构来说，最大的退出收益来源于二级资本市场的退出，没有了高回报套现的退出方式，企业质量再好，也无法纳入资本投资清单中。而清晰的上市目标和资本规划，要服务于企业的整体发展战略，资本的投入和补充也取决于运营的计划和预算，所以上市计划、运营计划、预算计划、资本规划四者环环相扣，企业尤其要对未来1~3年的发展规划了然于胸。

第二，融资小组的组织保障。在启动融资前，要成立以创始人为核心的内部融资小组，一般成员由创始人、财务负责人、业务负责人、外部投融资顾问构成，这也是后续匹配投资机构开展业务、财务、法务等尽职调查的对接部门，减少后续对接错频、内外磨合过长的推进器。

第三，融资材料的准备，主要是指商业计划书和配套的融资材料。

商业计划书要精心打磨，这方面网络上有许多文章和模板，笔者在此重复提醒，要重点关注两点：结构+颜值。商业计划书的逻辑结构要清楚，毕竟讲述的是一个激动人心的商业故事。梳理出不超过5条的投资亮点，一个BP里面有10~15个关键点，有5个以上的知识点，才可以撩动投资人的内心。

商业计划书是融资简历和敲门砖，也是吸引机构进一步关注、持续深入对接的链接器。一般来说，由创始人团队向投资人团队讲述一个激动人心的商业冒险故事：他们发现了一个创富机会，非他们团队不可，但缺乏一些关键支持如资金，淘金后投资人套现可赚取多少倍的回报等。要个性化地讲述自己的商业逻辑：企业简介（公司信息、团队和股权构成）—行业情况（机会和痛点）—竞争情况（行业里面的玩家）—核心竞争力（企业的核心项目）—运营现状（业务和财务数据的验证模式和竞争力）—发展规划（未来 3 年的战略规划：市场、产品、资本规划）—经营预测（业务、财务数据）—融资规划（融资计划、资金使用计划、资本退出规划）等。

配套的融资材料，一般包括影印版的公司执照、历史变革、所拥有的知识产权（专利、软件著作权、药品批文、医疗器械注册证、关键行业准入等）、在高新区或孵化器的政策条件、公司的三表及流水、关键客户和供应商信息、股东结构及介绍等。提供给投资机构的材料也是由浅入深、循序渐进的，从一开始的 BP 直送，到后面的补充配套材料，这时企业要与机构进一步确认提供哪些资料，并让机构发送保密协议或保密承诺，然后有针对性地提供材料。同时，在提供三表和流水及客户名录时建议糊名制或代号制，以防范后续资料的外泄。

第四，建立融资渠道 FA/创投圈/朋友圈。不管是第一次创业，还是创业老兵，通讯录上都或多或少有一些投资人的联系方式，BP 和配套的融资材料千万不要盲目地推送给通讯录或微信群里的投资人，还是要做一些前期投资机构小调查。登录他们的官网或者微信公众号去看一看他们的投资标准（行业、区域、阶段、额度等），看看自身项目是否与其匹配，如果不匹配，推送的结果往往不尽如人意，毕竟每家机构都有自己专注的投研方向；同时也要看看他们的投资案例中是否有与自己的项目方向雷同或类似的，如果有也不要推送，毕竟一手托两家，除非是行业战略级的大玩家，否则利益冲突这个难题迟早会成为创投双方的心病。另外，一般投资机构对群发的 BP 基本上看都不看就删掉了！

第五，永远都要有替代融资方案（债权、众筹等）。项目启动后，开启种子轮、天使轮、A/B/C 轮……成为准独角兽，准备 IPO，这些让人感觉像在做梦。但现实往往更加残酷，精心准备的 BP 石沉大海，做出业绩也难以吸引机构关注，开始上坡跑量，机构进场，历经谈判终于签约，打款前或打款后又遭跳票，或者投资进场后不断撕扯，甚至兵戎相见。企业要做好融资的备案，不要将企业的生死投注在外部机构或某家机构身上。最好的替代融资方案就是创造正向的现金流，一定要有清晰和明确的盈利模式并见到收入，这才是企业的根本——创造顾客价值，也是企业与资本谈判博弈的底气所在。

在股权融资中也要准备备案，如债权融资模式、店面众筹、股权众筹模式，以及技术 VC 等多种方式的运用，还要借鉴传统企业融资方式，如内部员工融资、经销商客户融资、供应商客户融资等。

经典案例

融创中国

近几年，中国房地产行业称得上“你方唱罢我登场，几家欢笑几家愁”。愁的是万达，笑的是融创中国。曾几何时，王健林曾信誓旦旦地说：“只要有万达在，就要让上海迪士尼 20 年不赚钱！”谁也不曾想到，当上海迪士尼开始盈利时，万达集团却将自己的文旅城项目打包，作价 632 亿元，闪电出售给了融创中国，该收购也创下了融创一次性收购资产金额纪录新高。

当然我们知道，这不是融创掌门人孙宏斌的唯一一次大手笔，其作为白骑士，以150亿元注资乐视，人所共知，绝对称得上“财大气粗”。普通人或许关注孙宏斌注资乐视的钱到底能否收回，我们则应注意：融创用于收购的钱从哪来的？

其实很简单，除了自有资金，最主要的来源便是股市。当初万达与融创同为港股上市公司，因港股注重价值投资，万达的股价一度令王健林很不满意，遂退市港股，欲转战A股，然而碰上了强监管、严审批，IPO排起长队，等到万达发生财务危机时，依然没能拿下通行证，其已在A股上市的万达影业也长期停牌，有救主之心，无救主之力。更令王健林没有想到的是，此时港股突然暴涨，融创中国遂有海量资金发展自身房地产业务，同时相机低价收购相关资产，让人不得不感叹资本市场的神奇魔力。

2. 对接投资人——路演

路演是国际上广泛采用的推广方式，主要用于证券发行和系列投融资活动的推介。

做路演时，要注意以下几个关键点：

第一，选择合适的路演平台。创业者要结合自身项目发展的不同阶段，有针对性地选择合适的路演平台。如果在一些平台上见到了对项目感兴趣的投资机构或投资人，切记不要再到其他类似平台上多露面，因为频繁参加路演，会被打上“不专注主业”的标签。投资圈很小，如果有一个投资人在朋友圈里吐槽，就会让相关创业者形象受损，再难打开局面。

第二，准备好路演资料。资料一般包括PPT、PDF版的商业计划书、纸质版商业计划书（内附名片），需要对团队情况（过往经历、合作分工、股权结构、期权池）、商业模式、业务进展、成本结构、融资规划、结合接下来的业务进展制订的资金使用计划、未来3年经营预测、上市计划或退出计划等内容加以细化，要坚决摒弃简版、大字、需要旁人充分展开联想的介绍方式。如果能有一段客户应用场景的视频来展示整个商业模式就更好了，这能有效地缓和紧张、压抑的现场气氛。遇到业务和财务数据介绍不清楚的时候，创业团队中的专业人士要及时出来解释，但切忌粉饰业绩，一旦在随后尽职调查的过程中被打上“不诚信”的标签，再好的项目也会被一票否决。对投资人来说，企业的道德风险是不可触犯的天条。

第三，做足功课，提前内部演练。可以请懂行的财务顾问、投资人或孵化器指导一下，框架和重点要突出。对于融资方来说，项目路演也是了解投资人背景和投向的好机会，有助于识别和选择专业、靠谱的投资机构，规避不专业的“土豪”投资人。

第四，一把手工程。路演项目的主讲人最好就是企业创始人或联合创始人，如果参加创业大赛也可以考虑安排形象代言人出场。但现在的大赛评审中，创投机构的比例不断增大，所以还是建议创始人亲自上场。毕竟投资就是投人，投资人要看到以创始人为核心的运营团队的真实表现。

第五，异议处理。有道是“嫌货才是买货人”，不要把投资人的提问当成挑战，他提出问题正说明他对项目感兴趣。此时，项目方应该利用解决信息不对称的机会拉近与投资人的距离，促进双方加深了解，促成合作。

值得强调的是，一份有图有表、重点突出的商业计划书是基本条件，一个声情并茂、互动有力的主讲人（最好是创始人）更是必要条件，如果能把枯燥的数字生意经讲成段子那就更棒了。对于行业容量、竞争态势、业务数据、成本结构等内容，用描绘性语言介绍会显得苍白无力，使用图表和数据有助于投资人在头脑中快速推算出这个项目顺风顺水发展时将来能达到的量级，然后才有兴趣进一步跟进。而一个能把枯燥的生意经讲成段子的创始人，往往也会在推广产品的过程中更容易引起消费者的共鸣，毕竟把公司股权卖给投资人要比把产品卖给消费者的难度高很多。

3. 尽职调查准备

第一，内部尽调对接小组。在与投资机构签订保密协议之后，企业应该马上组建由创始人挂帅的内部尽调对接小组，成员一般由财务、业务、法务（外部顾问）、行政、后勤等构成，结合不同专业，实行管道对接。同时，还要有一个常务副组长协调尽调的准备和协调工作。

要准备两份清单：一份是尽调小组接待清单，包含从接送到安排酒店下榻、餐饮等信息，以及陪同接待人员名单；另一份是尽调工作对接清单，包括单独办公室、打印机、访谈人员、提供的资料名录等。

要做两个内部动作：一个是内部吹风会，尽调小组的到来对公司是一把双刃剑，一方面会极大地鼓舞士气，提振团队激情；

另一方面如果后期谈判或注资不畅，也会令组织氛围降至冰点。正确的应对方式是给团队讲述尽调对组织运营和管理的好处，比如说：“公司目前受到资本市场的关注，陆续会有几波机构进场尽调，大家一方面要积极配合尽调小组，另一方面不要落下手头工作，公司希望尽调工作的展开，通过第三视角发现公司经营管理中的不足。”要尽量避开投融资一定行的话题。如果尽调的机构是公众公司，则要跟内部员工强调保密的重要性以及在尽调期间或后续的缄默期间禁止买卖上市公司的股票，否则会给后续投资带来变数。

另一个是外围成员沟通会，如创始人以及联合创始人的家人、供应商、经销商、消费者、银行等。甚至有的大项目，尽调机构会“打破砂锅问到底，还问砂锅哪里来”，还会问一下你小学同学对你的观感，尤其是人品方面的反馈。有的顶级机构会在尽调过程中找到创始人不同阶段的同学，来对比性格、人品的变化，至于家庭情况，尤其是婚姻关系调研，现在已是尽调小组尽调清单中的必备一环。

第二，尽调材料的准备。在投资机构的尽调小组尽调之前，往往会先给企业发一份尽调清单，让企业准备相关材料及安排访谈时间。如果投资机构没有给企业这份清单，企业内部尽调对接小组要积极索取，以协调内部部门和相关人员（内部员工、供应商、客户等）的时间安排。同时，需要投资机构签署保密协议。一般的尽调工作往往围绕着企业的“业务、财务、法务、现场”等系统展开，而有些实体运营出身的投资人更喜欢关注企业的管理细节，如对工作现场（车间）、生活现场（宿舍、食堂、厕所）进行观察，以对应其对企业持续运营、管理改善提升带来的绩效。

在尽调材料这块，里面的内容和数据尽量与商业计划书中的一致，出现偏差也要尽量解释清楚。投资机构尽调企业的目的在于验证其投资逻辑，看企业是否符合其投资标准，是否具备投资价值，以及最为关键的可控的风险要素（更侧重于经营层面）。当数据出现极大偏差或造假的时候，企业哪怕业绩再优秀，投资机构也不会冒道德风险，押注企业。

第三，尽调过程节奏的控制。有的机构实力雄厚，内部能组建海陆空（业务、财务、法务、环保等）完备的尽调团队；有的机构则将尽调团队外包；还有的早期机构就几个合伙人，往往亲自上阵。效率最高的往往是后者，毕竟过来的是合伙人团队（往往他们也是投委会成员）；前两者需要团队尽调后提报投资分析报告或尽调报告，报投委会审核通过。

尽调的进度和结果与企业的准备密切关联，如果企业在平时的运营中注意相关战略、运营、管理、人员等关键经营信息和管理信息的留存和系统化，对接起来就会非常快速。同时，机构本身也有时间成本，内部也有一个时间表，一般来说尽调过程中如没有出现太过差异或脱轨的地方，基本也会内部快速推进，但也有例外，如在估值上的拉锯。有的创业者对尽调过程中，投资机构利用时间紧张和排他协议来压价的反弹或异议非常大，这其实是一种正常的商业谈判策略，秉持的是以时间换谈判空间，而在这期间，往往是机构拥有主动权和定价权。对融资企业可以起到保护和帮助作用的是，在与机构就估值进行拉锯的时候，可以采取股权争议搁一边，先进一部分可转债或借款来支撑企业一段时间，这样机构的压力也会陡然而起，不会过于强势。当然在这个过程中，打铁还需自身硬，还是要扎实做好业绩，用每个月业绩的攀升来给机构施加反作用力，毕竟估值是依据收入的快速增长，每个月业绩的拉升都会带来估值的潜在上升和投资的信心。

第四，尽调费用的处理。有的机构财大气粗且大多是自有团队组织尽调，往往不在乎这点钱；但对于刚刚成立的基金或早期的投资机构而言，却是构成他们主要运营费用的很大一部分。更何况有些第一期基金更是舍弃了每年 2% 的管理费，所以每个机构对待这部分费用都有不同的处理方式。

对于融资企业，如果资金及时到账，则考虑承担该项费用或在投资机构尽调之前会厘定清楚。如果后续资金无法到位，则一般是由投资机构承担。所以，当有机构对项目进行深入尽调时，机构已经投入成本了。

4. 投资谈判和投资协议的重点

第一，估值——谈判的价码。投资就是投未来，就是下注企业通过资本的注入未来会倍速增长，而未来却很难预测。于是在乐观和悲观预期之间，通过构筑一系列的财务模型和预测数据以期望能在标尺上丈量出企业未来成长的高度。但就笔者接触而言，最终成交的数字往往不是算出来的，而是谈出来的。一般来说，VC 和 PE 往往会按照同行业上市公司的市盈率或市销率打个流动性的折扣，给企业估值。在移动互联网和物联网的崛起以及“互联网+”对传统企业的改造的形势下，一般应该遵循这样的逻辑：

净利润（E，earning）=收入（S，sales）-成本费用=

用户数（MAU）÷单用户贡献（ARPU）-成本费用

一般来说，如果企业没有E，还可以投S；如果没有S，还可以投MAU。但最终还是期待流量能转换为收入，收入能转换成利润。不同的创业企业处于不同的阶段，有的属于拼命扩大用户量的阶段，有的属于绞尽脑汁让流量变现的阶段，有的属于每天琢磨怎么实现盈利的阶段。然而，最终大家是要按盈利来考察一个公司的，那时候不同阶数的估值方法是殊途同归的。其实，企业一天没有上市或被并购，估值都是美丽的幻影。在目前的创投环境下，快速拿到带资源的钱方为王道。如果融资企业感觉未来受损，心理难以接受，在估值调整协议成为标配投资条款时，企业仍可通过业绩的攀升和突破来实现未来股权的调整和业绩的激励。

第二，控制权和资源对接。这主要是董事会层面、高层管理者层面，尤其是财务总监、信息披露的监管，通过战略—运营—财务等关键环节的管控来行使股东权利，保障股东利益。这都是基本约束条件，企业这边可约定的是股东对经营的过度干涉。一般机构普遍会派驻财务总监对企业进行财务监督和财务规范辅导，以控制企业运营预算和推进上市日程。对融资企业而言，控制权的天然属性来源于对股权的控制，所以在融资规划中要有一个清晰的计划，以保障创始人对公司股权的控制，如67%、51%、34%等关键股权红线的设置。另外，随着股权融资对创始团队股权的不断稀释，创始人团队可通过一致行动人设置、A/B股票等形式来保障对公司战略和经营的掌舵。

事实上，风险投资对控股实业公司一点兴趣也无，其资本特性决定了它的财务投资人身份，在助推企业3~5年后必然通过资本通道实现退出，不可能像产业投资人那样伏下身来长线经营产业。同时，每家机构在投资项目时，都会给企业描绘机构投资钱之外的资源对接。在这里，要对资源对接做个区分，资源对接分为无偿和有偿，无偿的如信息的对接，关键人的引荐；如果是有偿的交易，双方也最好厘定出一个激励机制。

第三，时间节奏的控制。谈判及签约最好控制在20个工作日内（也就是一月内），毕竟走到这一步，双方都付出了极大的心血和精力，都给予了彼此极大的信任和支持，所以还是以长期共赢作为合作基调，先通过关键的几项（估值条款、付款方式；董事会；委派董事、关键事项约定等）及标配的条款（反稀释条款、估值调整协议、领售权、清算优先权、回购条款、财务监管、知情权和检察权等）。同时，对于项目方法务顾问的选择，要优选懂业务和法务的资深律师，从而尽量绕开一些细枝末节的法律条文的拉锯。

5. 签订投资合同

投资机构需要通过内部的投资决策委员会的决议，同时由内部法务修正的投资协议及附件经过重重审核后，会与企业进行签署，从而推动后面的工商变更。在此阶段，往往会对公司章程中一些关键条款进行变更，如董事人选、关键事项约定等，同时投资协议及附件会与章程一起构成股东权益保护的基石。

进行到这一步好像已经板上钉钉了，其实不然，钱一天没有到账，上面的关键几步都存在最后踏空和跳票的风险。有些创始人恰恰容易在这个环节放松警惕，组织成员都处于激动和狂欢中，仿佛世界就踩在脚下，其实这个时候还是要继续推动，直至投资款到账。

五、避开股权融资协议里的致命陷阱

对于股权投资的双方，应该“先小人，后君子”，不然等事情出来就扯不清了。而且据大数据统计，这种撕破脸皮的案例不胜枚举，我们没必要冒着风险为他人贡献案例。

1. 财务业绩：设定业绩增长幅度

财务业绩是对赌协议的核心要义，是指被投公司在约定期间能否实现承诺的财务业绩。因为业绩是估值的直接依据，被投公司要想获得高估值，就必须以高业绩作为保障，通常是以“净利润”作为对赌标的。

在财务业绩对赌时，需要注意的是设定合理的业绩增长幅度；最好将对赌协议设为重复博弈结构，降低当事人在博弈中的不确定性。不少 PE、VC 与公司方的纠纷起因就在于大股东对将来形势的误判，承诺值过高。

2. 上市时间：注意“有条件恢复”协议

公司一旦进入上市程序，对赌协议中监管层认为影响公司股权稳定和经营业绩等方面的协议就需要解除。但是，解除对赌协议对 PE、VC 来说不保险，公司现在只是报了材料，万一不能通过证监会审核怎么办？所以，很多 PE、VC 又会想办法，表面上递一份材料给证监会表示对赌解除，私底下又会跟公司再签一份“有条件恢复”协议，例如，将来没有成功上市，之前的对赌协议要继续完成等。

3. 非财务业绩：加入柔性条款

与财务业绩相对，对赌标的还可以是非财务业绩，包括 KPI、用户人数、产量、产品销售量、技术研发等。

一般来说，对赌标的不宜太细、太过准确，最好能有一定的弹性空间，否则公司会为达成业绩做一些短视行为。所以公司可以要求在对赌协议中加入更多柔性条款，而多方面的非财务业绩标的可以让协议更加均衡可控，如财务绩效、企业行为、管理层等多方面指标。

4. 关联交易：与业绩补偿行为相矛盾

该条款是指被投公司在约定期间若发生不符合章程规定的关联交易，公司或大股东须按关联交易额的一定比例向投资方赔偿损失。

不过，相关 PE 机构人士表示：“关联交易限制主要是防止利益输送，但是对赌协议中的业绩补偿行为，也是利益输送的一种。这一条款与业绩补偿是相矛盾的。”

5. 债权和债务：债权债务赔偿公式

该条款指若公司未向投资方披露对外担保、债务等，在实际发生赔付后，投资方有权要求公司或大股东赔偿。相关计算公式如下：

债权债务赔偿额度 = 公司承担债务和责任的实际赔付总额 × 投资方持股比例

6. 竞业限制：与公司业务相竞争的业务

公司上市或被并购前，大股东不得通过其他公司或通过其关联方，或以其他任何方式从事与公司业务相竞争的业务。

7. 股权转让限制：将股权限制条款写入公司章程

该条款是指对约定任一方的股权转让设置一定条件，仅当条件达到时方可进行股权转让。大股东卖股份，历来是很敏感的事情，要么是不看好公司，要么是为了转移某些利益，这是非常严重的事情。当然也有可能是公司要被收购了，大家一起卖。还有一种情况是公司要被收购了，出价很高，投资人和创始人都很满意，但创始人有几个人，其中一人就是不想卖，这时就会涉及另外一个条款即领售权，一般会约定大部分股东如果同意卖就可以卖。

但这里应注意的是，在投资协议中的股权限制约定对于被限制方而言仅为合同义务，被限制方擅自转让其股权后承担的是违约责任，并不能避免被投公司股东变更的事实。因此，通常会将股权限制条款写入公司章程，使其具有对抗第三方的效力。实践中，亦有案例通过原股东向投资人质押其股权的方式实现对原股东的股权转让限制。

8. 引进新投资者限制：限定股份认购价格

一般情况是，将来新投资者认购公司股份的每股价格不能低于投资方认购时的价格；若低于之前认购价格，投资方的认购价格将自动调整为新投资者认购价格，溢价部分折成公司相应股份。

9. 反稀释权：注意相关法律法规

该条款是指在投资方之后进入的新投资者的等额投资所拥有的权益不得超过投资方，投资方的股权比例不会因为新投资者进入而降低。

“反稀释权”与“引进新投资者限制”相似。这里需要注意的是，在签订涉及股权变动的条款时，应审慎分析法律法规对股份变动的限制性规定。

10. 优先分红权：按投资金额优先分红

公司或大股东签订此条约后，每年公司的净利润要按 PE、VC 投资金额的一定比例，优先于其他股东分给 PE、VC 红利。

11. 优先购股权：PE、VC 优先于其他股东

公司上市前若要增发股份，PE、VC 优先于其他股东认购增发的股份。

12. 优先清算权：PE、VC 利益得到保障

公司进行清算时，投资人有权优先于其他股东分配剩余财产。

有的 PE、VC 机构要求，若自己的优先清偿权因任何原因无法实际履行的，有权要求公司大股东以现金补偿差价。此外，公司被并购，且并购前的公司股东直接或间接持有并购后公司的表决权合计少于50%时；或者，公司全部或超过其最近一期经审计净资产的50%被转让给第三方时，这两种情况都被视为公司清算、解散或结束营业。这三种“优先”权，均是将PE、VC所享有的权利放在了公司大股东之前，目的是让PE、VC的利益得到可靠的保障。

13. 共同售股权：PE、VC的另一条退出路径

公司原股东向第三方出售其股权时，PE、VC以同等条件根据其与原股东的股权比例向该第三方出售其股权，否则原股东不得向该第三方出售其股权。

此条款除限制了公司原股东的自由，也为PE、VC增加了一条退出路径。

14. 强卖权：很有可能导致控股权旁落

投资方在卖出其持有公司的股权时，要求原股东一同卖出股权。

强卖权尤其需要警惕，很有可能导致公司大股东的控股权旁落他人。

15. 一票否决权：只适用于有限责任公司

投资方一般会要求在公司股东会或董事会对特定决议事项享有一票否决权。

这一权力只能在有限责任公司中实施，《公司法》第四十三条规定：“有限责任公司的股东会会议由股东按照出资比例行使表决权，公司章程另有规定的除外。”而对于股份有限公司则要求股东所持每份一股份有份一表决权，也就是“同股同权”。

16. 管理层对赌：对公司管理的控制

指在某一对赌目标达不到时，由投资方获得被投公司的多数席位，增加其对公司经营管理的控制权。

17. 回购承诺：只享受利益不承担风险

公司在约定期间若违反约定相关内容，投资方要求公司回购股份。

股份回购公式如下：

大股东支付的股份收购款项 =（投资方认购公司股份的总投资金额 – 投资方已获得的现金补偿）×1 +（投资天数 ÷365）×10% – 投资方已实际取得的公司分红

回购约定要注意的事项主要有两个方面：

一是回购主体的选择。最高法确立的 PE 投资对赌原则如下：对赌条款涉及回购安排的，约定由被投公司承担回购义务的对赌条款应被认定为无效，但约定由被投公司原股东承担回购义务的对赌条款应被认定为有效。另外，即使约定由原股东进行回购，也应基于公平原则对回购所依据的收益率进行合理约定，否则对赌条款的法律效力亦会受到影响。

二是回购意味着 PE、VC 的投资基本上是无风险的。投资机构不仅有之前业绩承诺的保底，还有回购机制，稳赚不赔。从法律层面上来看，“这种只享受权利、利益，有固定回报，但不承担风险的行为，从法律性质上可以认定为是一种借贷”。《最高人民法院关于审理联营合同纠纷案件若干问题的解答》第四条第二项：企业法人、事业法人作为联营一方向联营体投资，但不参加共同经营，也不承担联营的风险责任，不论盈亏均按期收回本息，或者按期收取固定利润的，是明为联营，实为借贷，违反了有关金融法规，应当确认合同无效。除本金可以返还外，对出资方已经取得或者约定取得的利息应予收缴，对另一方则应处以相当于银行利息的罚款。

18. 违约责任：违约造成实际损失

任一方违约的，违约方向守约方支付占实际投资额一定比例的违约金，并赔偿因其违约而造成的损失。举例来讲，某公司及其大股东同投资方签订的协议规定，若有任一方违约，违约方应向守约方支付实际投资额（股权认购款减去已补偿现金金额）10%的违约金，并赔偿因其违约而给守约方造成的实际损失。

第四章　激励有道：用股权汇集天下智本

一、股权激励的影响与实操
二、常见员工股权激励方式解析
三、股权激励的道与术
四、创业公司的股权激励解决方案
五、非上市公司的股权激励解决方案
六、股权激励模式的利弊分析
七、实施股权激励，推动企业整体向上发展

“智本”，指的是企业赖以生存发展的高级人力资源，他们是智力之源，也是动力之源。对中小企业而言，股权激励的作用至关重要。没有发挥股权的力量，缺乏金融支持，企业的人力资源将难以发挥应有的作用，而企业的技术创新和生产组织变革也难以实现。如何通过股权激励，汇集天下智本，让企业与资本深度融合？这就需要中小企业把握股权激励的道与术，做好股权激励计划，拿出具有针对性的解决方案，从而推动企业整体向上发展。

一、股权激励的影响与实操

股权激励制度在国外被称作公司送给经理人的“金手铐”，这一比喻形象地说明了股权激励对经理人的双重作用：既激励，又约束。股权激励是企业为了激励和留住核心人才而推行的长期的激励机制，是股东为使公司持续发展而把员工利益和公司利益紧密联系在一起，形成利益共同体，以提高员工的积极性和创造性，从而实现企业的长期目标的根本途径。

1. 股权激励对企业的影响

股权激励对企业的影响主要体现在以下几个方面，见表4－1。

表4－1　股权激励对企业的积极影响

影响	内容
有利于吸引并留住核心人力资本	企业每个部门都有相应的核心人力资本。授予核心人力资本以股权或期权，能够提供较好的内部竞争氛围，激励人力资本最大限度地供给。同时，由于股权和期权强调未来，公司能够留住绩效高、能力强的核心人力资本
激发员工的积极性，实现自身价值	中小企业面临的最大问题之一就是人才流失。由于待遇差距，很多中小企业往往很难吸引和留住高素质人才。而实施股权激励，不但可以使员工的长期价值得以体现，还可以大幅提高员工的工作积极性。与此同时，由于股权激励的约束作用，基层员工对公司的忠诚度也会有所增强
有效降低企业经营成本并提高利润	国内外的实践证明，实施股权激励计划后，经理人的主人意识增强，工作积极性均会大幅提高，往往能够通过积极的管理有效地降低企业经营成本并提高利润。非上市公司往往存在“一股独大”的现象，公司的所有权和经营权高度统一，从而导致公司的“三会”制度等在很多情况下形同虚设。然而随着企业的发展壮大，公司的经营权会逐渐向职业经理人转移。但是由于股东和经理人的追求目标不一致，他们之间很容易存在“道德风险”，这就需要建立激励和约束机制来引导和限制经理人的行为
缓解公司面临的薪酬压力	大部分非上市公司都存在资金短缺的问题，而通过股权激励的方式，公司不但可以降低经营成本，减少现金流出，还可以提高经营业绩，留住能力强的核心人才。股权激励是为了激励员工，平衡企业的长期目标和短期目标，因此，企业在创业和发展的过程中，要结合企业的实际情况来合理制定企业的股权激励制度

但股权激励也是把“双刃剑”，运用得不好，不但不能提高

员工的工作积极性，反而会磨灭员工的工作热情。股权激励不是分福利，也不是“分饼”，因此，企业在实施股权激励的过程中要严格遵循其客观规律。

员工股权激励，分为上市企业和非上市企业两类，在技术问题上有很大不同。上市企业涉及很多股民的利益，所以证券管理部门会有严格的规定，非上市公司则有较多的自由发挥空间。

创业团队是非上市企业中比较多的，凡是创业团队，总会遇到数不尽的磨难，而创业团队的成员构成对整个公司的发展都起到了关键作用，如何找到靠谱、有能力的成员？怎样吸引他们加入？员工股权激励计划是很多创业团队采取的有效办法。那么，该如何设计完美的员工股权激励计划？

2. 选择员工持股类型

员工股权激励设计首先要面对的问题是选择员工持股类型，因为员工持股有许多类型，企业的具体情况也不同。一般来说，较多的是干股、期权及出资购买股份等选择，见表4－2。

表4－2 干股VS期权VS出资购买股份

类型	内容
干股	干股（又叫分红股），员工没有实际股份，只是享有一定股份比例的分红。这类股份，员工不用出资购买，主要和业绩挂钩，员工达到一定业绩目标或工作一定年限，即可享受。干股具有人身依附性，员工在企业工作就享受，离开企业就丧失，也不可转让，也不用承担经营风险，纯属一种福利性激励

续表

类型	内容
期权	期权是在条件满足时，员工在将来以事先确定的价格购买公司股权的权利。当行权时，实际股份价格超过约定购买价格时，持股员工就可以享受股份增值的收益。一般来说，员工要行使购买权，必须达到约定的业绩条件；如果没有达到约定业绩目标，则丧失行权资格。如果达到行权条件，某些员工没有足够资金购买全部配额股权，则可以允许员工部分转让购买资格，这样期权会更有吸引力。在期权变为股权之前，激励对象的参与感和心理安全感较低
购买股份	这类股份是企业实际性股份，而且在当下实施，原则上需要在工商部门登记。员工以现金购买，按出资比例享受股份收益和承担经营风险。一般来说，企业为了激励员工，可能会采取优惠价格让员工购买，或者半买半送。这类股份与员工人身没有依附性，即使员工离职，也可以拥有或者转让。在操作上，采用一定方法对公司股权进行估值，再按照每股估值价格给予优惠。例如，某公司股本1000万股，每股收益1元。如果按照PE价格，每股为8～10元，企业可以采取半买半送，或者按市场价值4～6折让员工购买

3. 员工持股操作的十大关键问题

以上三种持股方式，根据企业实际情况，可以单独采用，也可混合搭配。但在实际操作中，要把握以下十大关键问题，见表4－3。

表4－3　员工持股操作的十大关键问题

序号	内容
1	股权激励的前提是，企业要有长期发展战略，方向明确，前景美好，否则，股权对员工吸引力不大。一个没有方向、没有前景的企业，薪水再高，也不一定能留住优秀人才，别说股份了
2	股权激励是为了促进企业业绩提升，快速发展，因此所有的股权激励要和业绩有关联。同时，员工出资购买股份，也可以增加企业资金实力，有助企业更好发展
3	尽量让员工掏钱购买股权，因为付出代价不同，珍惜度也不同，最后激励效果也不同

续表

序号	内容
4	员工持股比例，原则上不能超过20%。占比太大，企业后续引进资本时股权太分散，致使企业缺少控制人，不利于企业发展
5	员工持股方案，要充分考虑岗位价值、员工工作年限以及个人能力与业绩表现来分配股份数量，同时避免全员持股。认购股份需要资格，如果每个人都可以购买，就没有稀缺价值
6	持股员工数量过多时，建议采取代持股份的方式，因为《公司法》明确规定，有限公司的股东最多不能超过50人。要规避这个限制，可以考虑股权代持，代持需要签订协议，制定相关操作规则，以避免纷争
7	企业要实施员工持股计划，财务必须透明，否则对员工的吸引力会有所下降
8	在考虑员工持股的同时，企业要建立公司治理结构，完善现代企业制度，建立股东会、董事会、监事会，并制定股东会议事规则、董事会议事规则、监事会议事规则，以及经营班子的管理规章。员工在拥有公司股权，获得收益的同时，要有机会不同程度地参与企业经营管理，发挥其积极性，这样员工才会有成就感和归属感
9	员工持有股份，要真正有吸引力，还是要让股份能在企业内部流通起来。第一，股份价格根据公司盈利情况而增加，会提高员工对公司盈利能力的关注；第二，股份可以在公司自由买卖或者大股东回购股份，这样员工出资购买时，对购买的股份难以退出的顾虑会降低，有助于提高员工认购股份的积极性
10	要做好员工股权激励，还得有组织准备，一方面，聘请专家顾问协助，提高方案的科学性与可操作性；另一方面，公司要成立相关小组负责方案设计，后续还需要有部门来管理，这样才能使员工股权激励方案真正落地，实现推动企业发展之目的

股权激励无非是希望达到两个目标：一是提高员工的工作投入度，创造更好的业绩；二是能留住优秀员工，让关键岗位的员工长期留在企业工作，与企业一起发展。只有达到以上两个目标的股权激励方案，才是成功的。为此，企业家要舍得分享，所谓格局决定成就，这样才能打造真正伟大的企业。

二、常见员工股权激励方式解析

员工股权激励有股权期权、限制性股权、股票增值权、虚拟股权、业绩股权五种常见方式，下面从含义、价值体现、特点等方面对其进行全面解析，见表4－4～表4－8。

1. 股权期权的全面分析

表4－4　股权期权激励模式

事项	内容
含义	该模式是指公司授予激励对象在未来一定期限内，以预先确定的价格（执行价格）和条件购买本公司一定数量的股票的权利，激励对象可以通过行权获得潜在收益（执行价格和市场价之差）；反之，如果在行权期股票市场价格低于行权价，则激励对象有权放弃该权利，不予行权。激励对象一般没有分红权，其收益来自股票未来股价的上涨，收益实现与否取决于未来股价的波动
价值体现	股权期权的最终价值体现在行权时的价差上。如果股权价格高于执行价格，期权持有者执行期权，按照股权期权约定的价格购买股权；如果股权价格低于执行价格，期权持有者不会执行期权，等待以后执行

续表

事项	内容
特点	（1）高风险、高回报。股权期权是当今国际上最流行的激励类型，其特点是高风险、高回报。（2）无惩罚性。股权期权是典型的权利、义务不对称激励方式，期权持有人只有行权获益的权利，而无必须行权的义务。股价下跌或者期权计划预设的业绩指标未能实现，激励对象只是放弃行权，并不会造成其现实的资金损失。（3）股票期权依赖于一个价格相对公允且可快速变现的交易市场，如证券交易所。这在一定程度上提高了非上市、挂牌公司对该种激励方式运用的难度与有效性
实用情况	股权期权的特点是高风险、高回报，特别适合处于成长初期或扩张期的企业，如网络、科技等风险较高的企业。由于企业处于成长期，企业本身的运营和发展对现金的需求很大，企业无法拿出大量的现金实现即时激励，同时企业未来的成长潜力巨大，因此通过发行股权期权，将激励对象的未来收益与未来二级市场的股价波动紧密联系，既降低了企业当期的激励成本，又达到了激励员工的目的，真正实现一举两得。需要指出的是，成长期或扩张期，企业资金需求量大，采用股权期权模式，是以股权的升值收益作为激励成本，有利于减轻企业的现金压力
案例	股票期权是最常用的激励方式。具体案例大多是上市公司、挂牌公司。上市公司如网宿科技（300017）、新国都（300130）2015 年的股票期权激励方案；新三板挂牌企业如仁会生物（830931）、同望科技（430653）2015 年的股票期权激励方案等

2. 限制性股权的全面分析

表 4－5 限制性股权激励模式

事项	内容
含义	限制性股权是指按预先确定的条件授予激励对象一定数量的本公司股权。只有满足预定条件时（如股权价格达到一定水平），激励对象才可将限制性股权抛售并从中获利；预定条件未满足时，公司有权将免费赠予的限制性股权收回或者对激励对象按购买价格回购

续表

事项	内容
特点	与股权期权相比，限制性股权的权利、义务是对称的，激励对象在满足授予条件的情况下获得股权之后，股权价格的涨跌会直接增加或减少限制性股权的价值，进而影响激励对象的利益。需要说明的是，我国上市公司授予激励对象限制性股权，应当在股权激励计划中规定激励对象获授股权的下列内容：业绩条件、禁售期限
与股权期权的比较	限制性股权与股权期权的本质区别在于：股权期权是未来收益的权利，而限制性股权是现实持有的、归属受到限制的收益。限制性股权所起的主要作用是留住人，而股权期权往往是激励人和吸引人
适用情况	限制性股权的风险相对较小，在服务期限和业绩上对激励对象有较强的约束，主要适用于成熟型企业或者对资金投入要求不是非常高的企业。企业可以采用限制性股权激励方式促使高级管理人员将更多的时间和精力投入某个或某些长期战略目标中，从而实现企业的持续发展
操作方法	在实务中，限制性股权的操作方式一般有两种：第一种，以折价的方式授予股权。如授予 4 万股限制性股权，行权时由激励对象本人只出 1 万股的钱，按授予价格将 4 万股限制性股权的股本及其增值部分作为收益全部归激励对象所有。这样不仅将公司 4 万股限制性股权的增值部分全部归于激励对象，而且将其中 3 万股限制性股权的股本一同奖励给了激励对象。第二种，以奖励基金的方式授予股权。如授予 6 万股限制性股权，授予时激励对象本人只出 1 万股的钱，按授予价格将 6 万股限制性股权的股本及其将来的增值部分作为收益全部归激励对象所有。这样不仅将公司 6 万股限制性股权将来的增值部分全部归于激励对象，而且也将其中 5 万股限制性股权的股本一同奖励给了激励对象。 从某种角度上讲，上述两种限制性股权的本质是一样的：激励对象本人只出钱购买 1/6 ~ 1/4 的股权（股本），公司无偿赠予 3/4 ~ 5/6 的股权（股本），行权时，激励对象将得到 4 万 ~ 6 万股限制性股权的股本和其全部增值收益
案例	无论是上市公司、挂牌公司，还是未上市、未挂牌的其他公司都经常采用限制性股权方式。这里稍举几例：上市公司如华海药业 2015 年的限制性股票激励方案，新三板挂牌企业如分豆教育（831850）2015 年的限制性股票激励方案

3. 股票增值权的全面分析

表 4－6　股票增值权激励模式

事项	内容
含义	股票增值权，是指公司授予激励对象在未来一定时期和约定条件下，获得规定数量的股票价格上升所带来收益的权利。被授权人在约定条件下行权，上市公司按照行权日与授权日二级市场股权差价乘以授权股权数量，发放给被授权人现金
作用	股票增值权的行权期一般超过激励对象任期，有助于约束激励对象短期行为
适用情况	适用于现金流充裕且发展稳定的公司
案例	目前操作中单独采用股票增值权方式的案例有上市公司康弘药业（002773）2015 年股票增值权激励计划；新三板挂牌公司中科创达（300496）2016 年股票增值权激励计划。另外，上市公司会同时采取两种方式进行股权激励，如华菱管线（000932）采用股票增值权和限制性股票，广州国光（002045）采用期权和股票增值权，得润电子（002055）采用期权和股票增值权

4. 虚拟股权的全面分析

表 4－7　虚拟股权激励模式

事项	内容
含义	虚拟股权，是指公司授予激励对象一种虚拟的股权，激励对象可以根据被授予虚拟股权的数量参与公司的分红并享受股价升值收益，但没有所有权和表决权，也不能转让和出售，且在离开公司时自动失效。与实际股权激励相比，虚拟股权避免了以变化不定的股权价格为标准去衡量公司业绩和激励员工，尤其在这些波动不是由于公司业绩变化造成，而是由于投机或其他宏观变量等经理人员不可控因素引起时
本质	虚拟股权和股权期权有相似的特征和操作方法，但虚拟股权不是实质性的股权认购权，本质上是将奖金延期支付，其资金来源于公司的奖励基金

续表

事项	内容
特点	(1) 股权形式的虚拟化。虚拟股权不同于一般意义上的企业股权。公司为了很好地激励核心员工，在公司内部无偿地派发一定数量的虚拟股份给公司核心员工，其持有者可以根据虚拟股权的数量，按比例享受公司税后利润的分配。(2) 股东权益的不完整性。虚拟股权的持有者只能享受到分红收益权，即根据持有虚拟股权的数量，按比例享受公司税后利润分配的权利，而不能享受普通股股东的权益（如表决权、分配权等），所以虚拟股权的持有者会更多地关注企业经营状况及企业利润的情况。(3) 员工无须出资。与购买实有股权或股权不同，虚拟股权由公司无偿赠送或以奖励的方式发放给特定员工，不需员工出资。(4) 不受证券市场波动影响。与股权期权相比，虚拟股权的激励作用受证券市场的有效性影响较小，因为激励对象总是可以在公司效益好时获得分红
适用情况	由于股权激励方案一旦兑现，公司需支付一定数量的现金，因此，虚拟股权激励模式比较适合现金流量比较充裕的非上市公司和上市公司
风险	一方面，由于企业用于激励的现金支出较大，会影响企业的现金流，毕竟并不是所有企业都能保证持续的高增长和高利润；另一方面，如何考核参与虚拟期权计划的人员也是风险之一。实施虚拟股权激励的企业需要考虑的重要问题就是，如何实现经营者报酬与其业绩挂钩的前提
案例	目前实施虚拟股权激励的上市公司不多，有代表性的是新三板挂牌企业精冶源（831091）。根据该公司于2015年5月发布了一份股权激励方案，该激励计划的有效期限为3年，即2015—2017年，激励对象无偿享有公司给予一定比例的分红权。授予对象范围包括公司高管、中层管理人员、业务骨干以及对公司有卓越贡献的新老员工等。该激励计划授予股权共分为四个级别，基准股数区间为1万～2.5万股。是否授予年度分红权激励基金的基准指标是公司年度净利润增长率是否达到20%。在运用上，虚拟股权最为出名案例实际还是华为公司，其开创的“虚拟受限股”制度是实行虚拟股权激励的代表

5. 业绩股权的全面分析

表 4－8　业绩股权激励模式

事项	内容
含义	业绩股权，是指年初确定一个合理的业绩目标和一个科学的绩效评估体系，如果激励对象经过努力后实现了该目标，则公司提取一定数量的股权，或通过公司设立的奖励基金购买股权后授予
特点	（1）业绩股权的流通变现通常有时间、数量限制。（2）激励对象只有在以后的若干年内经业绩考核通过后，才可以获准兑现规定比例的业绩股权。（3）激励对象未能通过业绩考核或出现有损公司的行为、非正常离职等情况时，其未兑现部分的业绩股权将予取消
适用情况	适合于业绩稳定并持续增长、现金流充裕的企业
优点	（1）能够激励公司高管人员努力完成业绩目标。（2）具有较强的约束作用。激励收入是在将来逐步兑现；如果激励对象未通过年度考核，出现有损公司行为、非正常调离等情况，激励对象将遭受风险抵押金的惩罚或被取消激励股权，退出成本较大。（3）业绩股权符合国内现有法律法规，受到的政策限制较少，只要公司股东大会通过即可实施，可操作性强，实施成本较低。（4）激励与约束机制相配套，激励效果明显，且每年实行一次，因此，能够发挥滚动激励、滚动约束的良好作用
缺点	（1）公司的业绩目标确定的科学性很难保证，容易导致公司高管人员为获得业绩股权而弄虚作假，操纵财务数据；（2）激励成本较高，有可能造成公司支付现金的压力
案例	业绩股权的操作案例不是很多，可以参考的如新三板的挂牌企业黄国粮业（831357），根据其方案，当满足一定条件，可以当年度净利润增加额（即当年度激励基金提取前净利润减去年年度净利润）为基数，按照20%的比例提取年度业绩激励基金

在实际操作时，选择哪种股权激励制度，还应该兼顾激励对象的风险偏好程度，如风险爱好者更青睐股权期权，而风险厌恶者更偏好限制性股权。另外还需注意的一点是，上述各种股权激励方式并不是相互排斥的，在实践中对结多种方法的结合运用可以达到更好的激励效果。

三、股权激励的道与术

股权激励是一种“散财”行为。散得好，财散人聚；散不好，财散人散。相比上市公司而言，非上市公司的股权激励没有相关的法律法规可供参照，其复杂程度、棘手程度由此可以想见。下面来阐述非上市公司股权激励的道与术。

1. 确定激励对象范围

一般来说，可从人力资本附加值、历史贡献、难以取代程度三个方面确定激励对象范围。从人力资本附加值来看，激励对象应该能够对公司未来的持续发展产生重大影响，否则就不宜上升到股权激励的层面。很显然，着眼于未来是股权激励的根本。但从历史贡献来看，激励对象也应对公司过去的经营业绩增长或管理能力提升做出突出贡献，即股权激励应尊重历史贡献，此举可避免出现内部争议。从难以取代程度来看，激励对象应该包括那些掌握核心商业机密和专有技术的特殊人力资本持有者，关注难以取代程度，是保护企业商业机密的现实需要。

2. 综合确定激励力度

激励人，还是激励人所在的岗位？这是个争论不休的话题。这个问题需要上升到企业的发展阶段及面临的管理主题层面来考察。

对于处在成长期的企业来说，其业务模式尚不固定，兼岗、轮岗现象非常普遍，很难用一个固化的岗位说明书来界定员工的工作内容。在这种情况下，岗位价值不应该成为确定股权激励力度的依据。对于处在成熟期的企业来说，其业务模式趋于固化，员工的能力发挥在很大程度上取决于其所在的岗位，“统一、规范、有序”成为企业的管理主题。此时，进行基于岗位价值的评估对于确定股权激励力度来说非常重要。在评定人力资本价值时，应该重点考虑激励对象的影响力、创造力、经验阅历、历史贡献、发展潜力、适应能力六大因素。

值得一提的是，无论对人激励还是对岗激励，固化激励额度的做法都是不妥当的。引入股权激励的考核机制，应将考核分为公司绩效、部门绩效（或项目绩效）、个人绩效三个层面。对于层面比较高的员工，强化对公司绩效的考核；对于层面稍低的员工，强化对个人绩效的考核。根据考核成绩从高到低划分成 A、B、C、D、E 五个等级，按考核等级确定最终激励额度，例如，可以依次为 1.2 倍、1.1 倍、1.0 倍、0.8 倍和 0.5 倍。

3. 按激励层面确定激励方式

激励效果不仅取决于激励总额，还取决于激励方式。确定激励方式，应综合考虑员工的人力资本附加值、敬业度、员工出资意愿等方面。可采取的相应激励方式如下：

一是对附加值高且忠诚度高的员工采用实股激励，以使员工体会到当家做主的感觉。参照上市公司股权激励的相关规定（用于股权激励的股本比例不得超过总股本的10%），用于实股激励的股本数量为500万股（约占公司总股本的5%）。个人授予量根据人力资本价值予以确定，即个人授予量 = 500万股 × 个人人力资本价值 ÷ ∑个人人力资本价值。

二是对不愿出资的员工采用分红权激励和期权激励，以提升员工参与股权激励的积极性。分红权数量取决于激励对象的人力资本价值及激励期的每股分红额，即个人获授分红权数量 = 个人人力资本价值 ÷ 每股分红额。期权授予量取决于人力资本价值及激励期内的股价增长情况，即个人获授期权数量 = 个人人力资本价值 ÷ 每股价差收益。

4. 按企业战略确定股价增长机制

股权激励之所以能调动员工的积极性，其中一个重要的原因就是，激励对象能够通过自身的工作努力影响激励成果的大小和实现概率。选取恰当的激励标的物，可以实现企业与员工的双赢。

确定激励标的物，应综合考虑4个因素：第一，激励标的物必须与公司的价值增长相一致；第二，激励标的物的价值评定应该是明确且令人信服的；第三，激励标的物的数值应该是员工可以通过自身努力而影响的；第四，公开激励标的物时应不至于泄露公司的财务机密，这一条对非上市公司而言非常重要。

如果选取销售额这一增长类指标作为股价变动的标的物，就要考虑到销售额增长率与净利润或净资产的增长率并非一一对应。例如，可将股价增长率确定为销售额增长率的60%（可由董事会根据当期实际经营情况予以适当调整）。如果目标年度销售额相对于基期销售额的增长率为50%，则股价增长率为30%。

5. 综合激励周期

若要产生长期激励效用，股权激励必须分阶段来推进，以确保员工的工作激情能够得以延续。划分激励时段，可参照企业的战略规划期、员工的心理预期、工作性质3个方面进行综合确定。

一方面，作为支撑企业战略的激励工具，股权激励的周期应与企业的战略规划期相匹配；另一方面，股权激励旨在通过解除员工的后顾之忧来赢取员工的忠诚，过长的激励周期会弱化激励效果，无法调动员工的参与欲望，但过短的激励周期也会使一部分员工萌生投机念头。另外，企业之所以采用股权激励，主要是因为某些岗位的工作成果无法在短期内呈现出来，所以股权激励的周期设置还应考虑激励对象的工作性质。

例如，可将股权激励的授予期设为3年，按3∶3∶4的比例，每年1次，分3次授予完毕，同期股权的解锁及期权的兑现亦分3年期实施。这样，要全部完成一项股权激励计划就需要6年时间。之所以设成循环机制，是因为在激励的同时施加必要的约束——员工中途任何时刻想离开企业，都会觉得有些遗憾，以此增加其离职成本，强化长期留人的效用。

6. 签署授予协议，细化退出机制

为规避法律纠纷，在推行股权激励方案前应事先明确退出机制。参照《劳动合同法》，结合研发型企业的工作特点，可从3个方面界定退出办法：

其一，对于合同期满、法定退休等正常的离职情况，已实现的激励成果归激励对象所有，未实现部分则由企业收回。若激励对象离开企业后还会在一定程度上影响企业的经营业绩，则未实现部分也可予以保留，以激励其能继续关注公司的发展。

其二，对于辞职、辞退等非正常退出情况，除了未实现部分自动作废之外，已实现部分的收益可适度打折处理。

其三，对于只出勤不出力的情况，退出办法规定，若激励对象连续两次考核不合格，则激励资格自动取消，即默认此激励对象如不是公司所需的人力资本，当然没有资格获取人力资本收益。

在确定股权激励方案后，与激励对象签署股权授予协议是一个不可或缺的环节。这是股权激励正式实施的标志，也是对双方权利和义务的明确界定。

总之，做企业的本质就是造福客户、造化员工、造就员工。这就是“道”。心怀大道，才可以坦然从容。而术是道的具体方法和运用。就像驾驶员，一个是新司机，一个是老司机，新司机开奥迪也未必比老司机开奥拓开得好。股权设计、运用之道，变幻莫测，存乎一心。

四、创业公司的股权激励解决方案

在初创公司，员工在股权方面多半会遇到如下问题：员工通常得不到足够的应得股份；员工持有的股份有时会对所需缴纳的税务金额产生不利影响；创业公司员工往往对他们手中持有的股份信息没有一个清晰的了解。作为初创公司，该如何针对这些问题制定解决方案？

1. 初创公司应尽可能多地将股份分给员工

初创公司应该尽可能多地将股份分给员工，因为这些股份在将来一定能创造比现在多出数倍的价值。

创业者在最初就应该对自己的项目做出一个巨大的预判溢价，或许不用到一两百倍这么高，但必须要让员工看到一个相对具体的数字。这样的话，员工的效用价值绝对能达到事半功倍的效果。或许，创始人认为很难将未来的发展精确到某一个数字，毕竟现实情况下存在很多突发事件和不可控性。或许，可以选择公司上一轮的估值以及发展速率作为参考。

一般情况下，为了公司的可持续发展，公司至少应给予最初的5个员工10%溢价的许诺，之后进入的员工可进行逐步递减的算法。但为了保证积极发展的势头，预判的溢价越高越好，当然也要结合公司的实际情况以及市场现状。

通常，在公司进行到A轮或之后，投资机构加入会要求创始人将股权进行稀释，期权池变得越来越小。正确的做法是，适当扩大A轮后的期权池规模。但不幸的是，我们很少见到这种情况发生，没有人愿意减少自己手中持有的股份，这种目光短浅的行为常常主导着创业现状。期权池是重要的一环，创始人应该根据发展状况调整它的规模，而不是将它作为不发放股权的借口。

2. 长期资本利得税率低于一般收入税

长期资本利得税率最高为28%，一般收入税最高为40%。

虽然鼓励性股票购买期权可以按长期资本利得税率计算，不过会遇到最低税费问题，所以员工通常要交的税会高于他们的预期，非限定股票购买期权和受限股票单位都是按低于一般收入税计算。

对于交税策略，有一种可行的办法是延长行权期到10年。不过长期来看，最好有一种方式让员工在股权利润方面的税率和高管一样。理想状态下，员工应该持有受限股票，当他们卖出的时候只要缴纳长期资本利得税率。不过这样做也是存在问题的，因为拥有股票相比期权账面价值更大，所以意味着员工从拥有这些受限股票开始就要缴纳更多的税。

其实，有很多办法可以解决这个问题，最简单的就是希望国税局不对不流通的私人股权征税，直到股权出售的时候。然后对增值部分收取长期资本利得税率，最初的股票价值收取低于一般收入税。

当然对公司而言，有一种方式就是发行另外一类的员工股。在目前早期的创业公司，普通股的价值通常比优先股低很多。公司可以发行一种比普通股权利更少的股票，只要保留公司被收购或者上市时能转换成普通股的权利就好了。这样的股票基本上在触发条件前是没什么价值的，这样员工在公司被收购或者上市时也就不用交什么税，当条件发生时只用缴纳长期资本利得税。

3. 让员工持股，让员工安心

有些创业公司不讲究，会对员工隐瞒公司总股本。作为员工，应该并且可以要求了解他们的期权行权后能占到公司多少股份，若公司刻意隐瞒，就应该慎重考虑这个公司了。

这里有些细节问题是创业公司员工所应该关注的，例如，“如果我拥有 0.5% 的公司的股份，公司明天以 1 亿元的价格被收购了，我能直接拿到 50 万元吗?”这里确实有可能发生变数，很多员工不了解退出机制和变现顺序。又如，“公司上个月亏了多少钱？现在银行里有多少钱?”这比公司最近营业额增长了多少要重要得多，因为很多高层在不确定未来的情况下，是不会把营业增长兑现到公司市值里的。

经典案例

逼出来的人人持股制

人人持股制是华为的首创，倡导“人人是股东”的山姆·沃尔顿也没落实到华为的程度，日本稻盛和夫创立的京瓷系同样没有达到。众所周知，华为创始人任正非持股只有1%稍多，但很少有人知道，这很大程度上都是生存危机逼出来的。

创业之初，任正非也是摸着石头过河，并没有一上来就给所有员工股份。在一系列挫折之后，特别是无论如何也留不住老员工的情况下，任正非找到自己的父亲想办法。父亲说，新中国成立前，很多行业都是大老板投资，再请掌柜的。掌柜的不出一分钱，但每年可以有4~6成的分红。所以，掌柜的都是自己给自己加压，让他休息也不休息。

一席话点醒了任正非，他马上着手做两件事：一是带头剥离手中的股份，先是稀释给骨干分子，后逐步发展到人人持股；二是规定无论资金多么紧张，对执意离职的员工，绝不拖欠一分钱。这称得上荒唐了，因为当时华为确实拖欠员工的工资，一般是每月先发一半。依然在职的人工资发不齐，要走的人凭什么要全额?!

很多人不理解，但这两招很管用，军心很快稳住了。接下来，所有员工都勒紧裤带，全力以赴地工作。正是在那时候，华为的“床垫文化”开始时兴起来。华为的问题解决小组和研发团队成员常常拉个床垫睡在工作现场。不久，令员工们激动的现象出现了：工资每个月都在涨；尽管还是只能先拿一半，但在市场上已属高薪了。

五、非上市公司的股权激励解决方案

创业只有一条生路，却有一百种“死”法。令人惋惜的是，很多公司并非“死”于外部竞争环境，而是“死”在内部的问题上。很多学者指出，避免创业“死”在内部问题上，要把握好股权分配机制的八个特点，它们分别是：公平、公平、公平；可进可退；能够体现各人贡献的价值；体现阶段性的成果；设有回购机制；具有可操作性，不能过于复杂；契约化，合法；不会引起不必要的费用（如公证费、税金）。

根据上述特点，非上市公司在实施股权激励时必须考虑企业所处的发展阶段、实施背景和自身行业特点，有针对性地设计相应的股权激励解决方案。

1. 选择虚权与实股相结合的股权激励工具

选择合适的股权激励工具是股权激励成功的基础。可选择的股权激励模式包括虚拟股票、期权、员工奖励计划等。建议公司采用虚拟股票和实体股权相结合的方式，首先让员工成为公司的

“虚拟”股东，享受分红权，而不享有实体股东的选举权和投票权，避免员工短期成为股东后躺在股票上“睡大觉”的情形出现，同时可以确保长期激励，真正体现人力资本价值。

2. 激励额度分配要兼顾历史，牵引未来

拟定股权激励对象的时候，激励分配应在充分考虑历史贡献的基础上，强调未来业绩创造的可能性，实现对历史贡献和未来价值的平衡，注意对新业务的倾斜，对业务转型进行牵引，以此为价值评估要素衡量公司核心和骨干人员，再赋予相应额度股权。因此，在方案设计时，综合分配机制的30% ~40%体现历史贡献，60%体现未来业绩创造。

3. 确保控制权集中，谨慎赋予投票权

在上市前激励对象不授予投票权，因为该企业实行股权激励的主要目的是让核心人才和业务骨干分享企业价值增值、分红收益，从而产生人才留用、利益捆绑的作用。考虑到激励对象人数较多，建议企业采用间接持股平台，从而确保股权集中。

4. “分蛋糕”的同时强调绩效约束

高知识型员工乃核心资源，与一般员工相比有其自身的独有特性。就此，企业可对其进行柔性管理，柔性的绩效评价机制则是重中之重。

构建柔性的绩效评价机制的目的，是帮助企业在做大蛋糕的基础上再分配蛋糕。企业可根据实际情况，设计如下的绩效导向和约束机制：

一是推动业务转型，有效孵化新业务。在激励资源分配、绩效约束上向新业务倾斜，并提升整个方案的管理柔性，适应业务转型阶段多变的市场环境。

二是平衡规模扩张与盈利提升。对不同层面的人群强调重点不同，对公司整体层面强调平衡规模和盈利，对各产品线层面强调规模扩张、占领市场。

经典案例

“358 模式”

近年来，“358 模式”备受瞩目，并受到越来越多的创业型企业的青睐，应用标杆则是喜家德虾仁水饺，目前它在全国已经有近 500 家店。

所谓“3”，是指当一家店的考核业绩排名靠前时，该店店长即可获得 3% 的干股收益，不必投资，是完完全全的分红。所谓“5”，是指如果一个店长培养出新店长，并且符合考评标准时，就有机会接新店，成为小区经理，可以在新店“投资入股 5%”。

有人会说，他们才不会投资呢！你错了，因为他们是一线管理人员，最清楚每家店的投入与回报，有的赚，而且时刻能看着自己的投资，为什么不投？

所谓“8”，是说一个店长培养出了 5 名店长，成为区域经理，并符合考评标准，再开新店时他可以在新店“投资入股 8%”。“358”之外还有个“20”，指的是当店长成为片区经理，可以独立负责选址经营时，就可以获得新店“20%的入股权”。

这种方式极大地调动了店长培养人才的积极性，同时通过股权设计把大家凝聚成为利益共同体，人人利益相关，沟通成本极低，极具战斗力。

六、股权激励模式的利弊分析

股权激励大致有12种模式，其中上市公司8种，非上市公司4种，下面就其利弊进行具体分析。

1. 上市公司8种股权激励模式及其利弊分析

上市公司有8种股权激励方式，其概念、优点、缺点见表4－9。

表4－9　上市公司8种股权激励方式的概念、优点、缺点

种类		内容
股票期权	含义	股票期权模式是指股份公司赋予激励对象（如经理人员）购买本公司股票的选择权，具有这种选择权的人，可以在规定的时间内以事先确定的价格（行权价）购买公司一定数量的股票（此过程称为行权），也可以放弃购买股票的权利，但股票期权本身不可转让
	优点	（1）降低委托—代理成本，将经营者的报酬与公司的长期利益绑在一起，实现了经营者与资产所有者利益的高度一致性，并使二者的利益紧密联系起来。（2）可以锁定期权人的风险，股票期权持有人不行权就没有任何额外的损失。（3）股票期权是企业赋予经营者的一种选择权，是在不确定的市场中实现的预期收入，企业没有任何现金支出，有利于企业降低激励成本。这也是企业以较低成本吸引和留住人才的方法。（4）股票期权根据二级市场股价波动实现收益，因此激励力度比较大。另外，股票期权受证券市场的自动监督，具有相对的公平性

续表

种类		内容
股票期权	缺点	(1) 影响公司的总资本和股本结构。因行权将会分散股权，影响到现有股东的权益，可能导致产权和经济纠纷。(2) 来自股票市场的风险。股票市场的价格波动和不确定性、持续的牛市会产生“收入差距过大”的问题；当期权人行权但尚未售出购入的股票时，股价下跌至行权价以下，期权人将同时承担行权后纳税和股票跌破行权价的双重损失的风险。(3) 可能带来经营者的短期行为。由于股票期权的收益取决于行权之日市场上的股票价格是否高于行权价格，因而可能促使公司的经营者片面追求股价提升的短期行为，而放弃对公司发展的重要投资，从而降低了股票期权与经营业绩的相关性
虚拟股票	含义	是指公司授予激励对象的一种“虚拟”股票，如果实现公司的业绩目标，则被授予者可以据此享受一定数量的分红，但没有所有权和表决权，不能转让和出售，在离开公司时自动失效。在虚拟股票持有人实现既定目标后，公司支付给持有人收益时，既可以支付现金、等值的股票，也可以两者相结合。它是通过其持有者分享企业剩余索取权，将他们的长期收益与企业效益挂钩
	优点	(1) 它实质上是一种享有企业分红权的凭证，除此之外，不再享有其他权利，因此，虚拟股票的发放不影响公司的总资本和股本结构。(2) 虚拟股票具有内在的激励作用。虚拟股票的持有人通过自身的努力去经营管理好企业，使企业不断地盈利，进而取得更多的分红收益，公司的业绩越好，其收益越多。(3) 虚拟股票激励模式具有一定的约束作用。因为获得分红收益的前提是实现公司的业绩目标，并且收益是在未来实现的
	缺点	(1) 激励对象可能因考虑分红，减少甚至于不实行企业资本公积金的积累，而过分地关注企业的短期利益。(2) 在这种模式下的企业分红意愿强烈，导致公司的现金支付压力比较大
股票增值权	含义	股票增值权模式是指公司授予经营者一种权利，如果经营者努力经营企业，在规定的期限内，公司股票价格上升或公司业绩上升，经营者就可以按一定比例获得这种由股价上扬或业绩提升所带来的收益，收益为行权价与行权日二级市场股价之间的差价或净资产的增值，激励对象不用为行权支付现金，行权后由公司支付现金、股票或股票和现金的组合
	优点	(1) 这种模式简单易于操作，股票增值权持有人在行权时，直接对股票升值部分兑现。(2) 审批程序简单，无须解决股票来源问题

续表

种类		内容
股票增值权	缺点	(1) 激励对象不能获得真正意义上的股票，激励的效果相对较差。(2) 由于我国资本市场的弱有效性，股价与公司业绩关联度不大，以股价的上升来决定激励对象的股价升值收益，可能无法真正做到“奖励公正”，起不到股权激励应有的长期激励作用，相反，还可能引发公司高管层与庄家合谋操纵公司股价等问题。(3) 股票增值权的收益来源是公司提取的奖励基金，公司的现金支付压力较大
业绩股票	含义	指公司在年初确定一个合理的年度业绩目标，如果激励对象经过卓有成效的努力后，在年末实现了公司预定的年度业绩目标，则公司给予激励对象一定数量的股票，或奖励其一定数量的奖金来购买本公司的股票。业绩股票在锁定一定年限以后才可以兑现。因此，这是根据被激励者完成业绩目标的情况，以普通股作为长期激励形式支付给经营者的激励机制。 从本质上讲，业绩股票是一种“奖金”的延迟发放，但它弥补了一般意义上的奖金的缺点。其具有长期激励的效果，一方面，业绩股票与一般奖金不同，它不是当年就发放完毕，还要看今后几年的业绩情况；另一方面，如果企业效益好，其股价在二级市场会持续上涨，就会使激励效果进一步增大
	优点	(1) 能够激励公司高管人员努力完成业绩目标。为了获得股票形式的激励收益，激励对象会努力地去完成公司预定的业绩目标；激励对象获得激励股票后便成为公司的股东，与原股东有了共同利益，更会倍加努力地去提升公司的业绩，进而获得因公司股价上涨带来的更多收益。(2) 具有较强的约束作用。激励对象获得奖励的前提是实现一定的业绩目标，并且收入是将来逐步兑现的；如果激励对象未通过年度考核，出现有损公司行为、非正常调离等，激励对象将受风险抵押金的惩罚或被取消激励股票，退出成本较大。(3) 激励与约束机制相配套，激励效果明显，且每年实行一次，因此，能够发挥滚动激励、滚动约束的良好作用
	缺点	(1) 公司的业绩目标确定的科学性很难保证，容易导致公司高管人员为获得业绩股票而弄虚作假；(2) 激励成本较高，有可能造成公司支付现金的压力

续表

种类		内容
管理层收购	含义	又称经理层融资收购，是指收购主体即目标公司的管理层或经理层利用杠杆融资购买本公司股份，从而改变公司股权结构、资产结构、治理结构，进而达到持股经营和重组公司的目的，并获得预期收益的一种收购方式。激励对象一般是本公司的高层管理人员。收购资金来源分为两个部分：一是内部资金，即经理层本身提供的资金；二是外部资金，即通过债权融资或股权融资得到的资金。收购主体在收购完成后成为公司的股东，从而直接或间接地成为公司的控股股东，达到经营权和控制权的高度统一
	优点	(1) 通过收购使企业经营权和控制权统一起来，管理层的利益与公司的利益也紧密地联系在一起，经营者以追求公司利润最大化为目标，极大地降低了代理成本。(2) 管理层收购使管理层有可能获得大量的股权收益，长期激励作用明显
	缺点	(1) 收购需要大量的资金，若处理不当，会导致收购成本的激增，甚至付出巨大的代价。(2) 收购后若不及时调整公司治理结构，有可能形成新的内部人操纵
延期支付	含义	是指公司为激励对象设计一揽子薪酬收入计划，一揽子薪酬收入中有一部分属于股权收入，股权收入不在当年发放，而是按公司股票公平市场价折算成股票数量，并存于托管账户，在规定的年限期满后，以股票形式或根据届时股票市值以现金方式支付给激励对象。这实际上也是管理层直接持股的一种方式，只不过资金来源是管理人员的奖金而已。延期支付方式体现了有偿售予和逐步变现，以及风险与权益基本对等的特征，具有比较明显的激励效果
	优点	(1) 把经营者一部分薪酬转化为股票，且长时间锁定，增加了其退出成本，促使经营者更关注公司的长期发展，减少了经营者的短期行为，有利于长期激励、留住并吸引人才。(2) 管理人员部分奖金以股票的形式获得，因此具有减税作用
	缺点	(1) 公司高管人员持有公司股票数量相对较少，难以产生较强的激励力度。(2) 股票二级市场具有风险的不确定性，经营者不能及时把薪酬变现

续表

种类		内容
储蓄—股票参与计划	含义	该模式是指公司允许激励对象预先将一定比例的工资（一般公司规定的比例是税前工资额的2%～10%）存入专门为本公司员工开设的储蓄账户，并将此资金按期初和期末股票市场价格的较低价位的一定折扣折算成一定数量的股票，在期末按照当时的股票市场价格计算此部分股票的价值，公司将补贴购买价和市场价之间的差额
	优点	(1) 该模式无论股价上涨还是下跌，都有收益，当股价上涨时盈利更多，因此福利特征较为明显。(2) 该模式为企业吸引和留住不同层次的高素质人才，并向所有员工提供分享公司潜在收益的机会创造了条件，在一定程度上解决了公司高管人员和一般员工之间的利益不均衡问题
	缺点	(1) 与其他激励模式相比，该模式的激励作用相对较小。(2) 该模式由于其激励范围较广，带有一种平均化和福利化的倾向，激励基金分配给个人的激励力度有可能不够，无法起到预期的激励目的
限制性股票	含义	限制性股票是专门为了某一特定计划而设计的激励机制。所谓限制性是指出售这种股票的权利受到限制，即经理人对于股票的拥有权是受到一定条件限制的，例如，限制期为3年。经理人员在得到限制性股票的时候，不需要付钱去购买，但他们在限制期内不得随意处置股票，如果在这个限制期内他们辞职或被开除了，股票就会因此而被没收
	优点	(1) 激励相关人员将更多的时间、精力投入某个或某些长期战略目标中。(2) 由于限制期的设置，可保证相关人员的稳定性
	缺点	(1) 股票价格指标设置的不合理性或市场的波动，使得预期目标完成而股价没有达到标准，会影响相关人员的积极性。(2) 相关人员不能完全掌握预期目标实现的要素，因权责不对等而失去激励作用

经典案例

阿里巴巴期权激励

阿里巴巴之所以能成为中国互联网界的传奇，主要在于马云对股权激励的深刻理解和恰当运用。俗话说，“共患难易，同富贵难”。阿里上市造就了一批百万富翁员工，而对马云来说，让员工继续保持创业激情更加重要。其做法是，只要员工达到一定级别和业绩要求，就可获得股票期权或受限制股票。阿里员工分非管理岗位P和管理岗位M，P岗位分为14级，M岗位分为10级。其中，P04、P05均为研发工程师，再往上为高级研发工程师、专家、研究员、科学家等。M01为主管，与P06相当；M05为资深总监，有资格进入阿里集团组织部，即高管团队。从P06级开始，员工有权获得期权或者股票。一般而言，P06级员工可拿到1万股期权，P07级的员工可拿到2万股期权，行权价大约在5.5美元，正常情况下全部拿到需要四五年。

2. 非上市公司4种股权激励模式的关键点和利弊分析

相对于上市公司，非上市公司实施股权激励计划最大的问题是股权来源的不确定性和难度比较大。我国现行法律法规不允许企业留置或回购股权，只能由现有股东提供，所以实施股权激励计划必定直接与现有股东利益相冲突。其次，非上市公司在设置股权激励考核和定价标准时，相关参照指标没有上市公司的全面、透明，可能导致较严重的分歧而使得股权激励计划失去效用。再者，我国还没有明确的法律条文规范非上市公司股权激励的相关事项，如有不慎将会触犯到相关的法律法规，产生很大的经营风险。目前，非上市公司多参照上市公司实施现状，采用如下几种股权激励方式，见表4-10。

表 4-10　非上市公司 4 种股权激励方式的关键点和利弊

种类	实施的关键点	利弊分析
股权期权	(1) 非上市公司股东人数：获得股权期权的总人数以及公司原有股东的人数总计不能超过 50 人（有限责任公司）或 200 人（股份有限公司）。(2) 未来一定期限：一是股权激励计划的有效期，一般不超过 10 年，自股东大会通过股权激励计划之日起计算；二是行权限制期，即股权授予日至股权生效日的期限；三是行权有效期，即股权限制期满后至股权终止日的时间。(3) 确定的价格和条件：即行权日购买股权的价格以及行权的条件。(4) 权利：股权期权是公司赠予激励对象的一种权利，而不是一种义务	一方面，股权期权激励降低委托代理成本，提供关键人员（团队）稳定性；另一方面，分散股权引起管理或经济纠纷，也可能发生相关人员短期经营行为，影响公司长远发展。股权期权模式比较适合初始资本投入较少，资本增值较快，在资本增值过程中人力资本增值效果明显的公司
限制性股权	(1) 业绩目标：一般选择公司的某项战略目标作为业绩目标。(2) 授予价格：授予价格一般是无偿赠送或远低于公司价值的价格。(3) 限制权利：股权出售受到限制，如时间限制，且不得转让，公司有权收回或回购受限股权	一方面，限制性股权激励有利于促进激励对象集中精力以实现长期战略目标，激励成本较低，对被激励者即激励对象而言，风险也较低；另一方面，实现战略目标的成本和手段的不经济性导致偏离激励初衷。限制性股权这种模式适合于发展比较稳定的大型公司，采用限制性股权这种模式更能体现风险和收益的对称、激励和约束的平衡

续表

种类	实施的关键点	利弊分析
业绩股权	实施业绩股权计划的关键点是“公司事先规定的业绩指标”。在业绩股权激励模式中，通常很多公司以净资产收益率（ROE）作为考核标准。在这种模式中，公司和激励对象通常以书面形式事先约定业绩股权奖励的基线。ROE 达到某一标准时，公司即按约定实施业绩股权激励，激励对象得到股权；ROE 每增加一定比例，公司采用相应比例或累进的形式增加股权激励数量	一方面，从本质上讲，业绩股权是一种“奖金”延迟发放，具有长期激励的效果；对于激励对象而言，其工作绩效与所获激励之间的联系是直接而紧密的；对于股东而言，业绩股权激励模式对激励对象有严格的业绩目标约束，权、责、利的对称性较好，激励目的明确，能形成股东与激励对象双赢的格局。另一方面，激励时限较短，激励成本较高，对公司现金流形成一定的压力。业绩股权激励模式只对公司的业绩目标进行考核，因此比较适合业绩稳定型的非上市公司及其集团公司、子公司
股权增值权	（1）一定时期和条件：即规定时间内获得规定数量及一定比例的股权股价上升所带来的收益，条件为相关政策规定的约束性条件及完成一定业绩目标的激励性条件，且不低于 20% 需在任期考核合格后兑现。（2）股权兑现和权利：股权增值权的兑现只针对股权的升值部分；股权增值权的授予对象不拥有这些股权的所有权，自然也不拥有表决权、配股权	一方面，相对于股权期权模式，股权增值权模式更为简单，易于操作，也不会对公司所有权产生稀释，对授予对象成本压力较小；另一方面，由于等不到对等的股权，激励效果比较差，而分配股权增值权的资金会给公司带来现金流压力。这一模式比较适合现金流量比较充裕且比较稳定的非上市公司

七、实施股权激励，推动企业整体向上发展

股权激励，表面上看是技术问题、方案问题，本质上则是一次基于公司战略的深度对话与沟通。股权激励的本质和目标，是建立起一套长效的人才激励机制，推动企业整体向上发展。

1. 股权激励的主要作用

股权激励的主要作用体现在以下几个方面，见表4－11。

表4－11　股权激励的主要作用

作用	内容
股权激励与业绩提升、市值增长	在业绩提升方面，统计数据表明，实施股权激励的上市公司与A股上市公司相比，业绩增长年平均高出30%以上。而我们过往的项目实操也表明：通常在什么都不变的情况下，仅股权激励一项举措，企业业绩在原业绩的基础上至少提升20%以上。在市值增长方面，统计数据表明，实施股权激励的上市公司与沪深300相比，其股价表现显著好于市场整体水平，前者的市值增长是后者的1倍以上。通常一个设计规范、考核科学的股权激励方案一旦公告，公司的股票应声大涨已成为资本市场屡见不鲜的事情。同样，对于未上市的公司来说，一套规范的股权激励会使企业在引进战略投资者时获得额外10%～15%的估值溢价。股权激励之所以在公司业绩提升、市值增长（估值溢价）方面作用明显，其中的道理很简单，股权激励给公众释放出一种信号：股东和管理层已达成长期战友关系；企业的公司治理规范；未来3～5年的经营目标是有信心实现的；公司进入战略实施状态和组织管理状态

续表

作用	内容
股权激励与人才争夺	决定一流人才是否愿意进入一个行业或企业的因素有很多，但激励一定是其中一个不可忽视的关键要素。而股权激励作为激励体系中不可或缺的一部分，对整体激励水平的提升效果明显。以信息服务行业上市公司为例，做过股权激励的上市公司，其总体薪酬水平是没有做过股权激励的上市公司薪酬水平的2~7倍。单从激励这个维度讲，很显然，人才一定会向做过股权激励的公司集聚。因此，我们可以看到，股权激励已成为企业作为吸引人才、稳定队伍的常用手段
股权激励与核心能力构筑	很长时间以来，中国企业的成长更多是基于个人能力的机会捕捉，靠的是老板的个人能力、眼光、胆识和关系。但走向未来，中国企业的成长一定是基于企业内部能力构筑的，未来企业的较量一定是核心能力的较量。那么如何构筑我们企业的核心能力，如创新与研发能力？我们观察到，苹果、腾讯等企业具备的持续创新能力，背后其实是一套长效、开放、循环的激励机制安排。对于中小成长型企业来讲，需要思考的是：如何借助股权激励这套长效、开放、循环的机制，构建起我们企业的核心能力？如研发能力、生产能力、营销能力、系统协同能力等。

2. 股权激励存在的主要问题

股权激励存在的问题，归结起来主要有4个：事业认同问题、预期沟通问题、激励水平问题和业绩考核问题，见表4-12。

表 4 - 12　股权激励存在的主要问题

问题	典型案例	解析
事业认同问题	根据证券交易所创业板公告显示，截至 2011 年 12 月 20 日，共有 156 份离职公告出台。而 2010 年全年，辞职公告还不到 50 份。在创业板面市的两年时间里，大多数创业板上市公司都经历了高管离职。许多公司由于高管人员离职过多，为了保证公司的正常经营，不得不紧急让在任高管身兼数职。无疑，创业板高管的大面积离职，对企业、对股东、对核心管理团队、对员工都是一种伤害。因为对企业经营来讲，上市只是企业发展进程中的一个阶段性目标，核心团队的稳定才是企业的命脉与基石	现实中，股权激励被作为一套造富（套现）工具。企业上市了，大家就想着如何尽快套现走人；企业没上市，大家就想着跳槽到有上市可能的公司去。股东与股东之间、股东与高管之间仅靠利益维系，因而企业在上市前、上市中、上市后的高管离职现象屡见不鲜，企业始终处于动荡之中。究其原因，我们认为，股东与股东之间、股东与核心团队之间还是利益共同体，没有达成事业认同、理念一致，这样的股权安排显然无法走向长远
预期沟通问题	某公司在上市前夕，老板出于稳定与激励高管团队的良好初衷，决定对核心管理层进行上市前的股权激励。公司人力资源部在老板的授意下设计了一套股权激励方案：上市前拿出 1% 的股权，上市后再行推出。这 1% 的股权，意味着核心骨干的人均股权收益在 300 万元左右，只相当于一个高管一年半的年薪。方案一公布，激励对象纷纷表示不满，公司 9 个核心高管中 4 个离职，由于上市前夕高管发生重大变动，导致企业上市搁浅。这样的结果，对一个拟上市企业来说难免有些遗憾与惋惜。但这样的企业、这样的结果又何其多	很多企业老总郁闷，“没做股权激励还好，做了股权激励反而把人给做跑了”。究其原因，关键在于预期沟通：在没有完成股东与高管双方预期充分、有效沟通的情况下，任何方案都是“不可说，不可说，一说便是错!”而在股权问题上，股东与高管又往往很难展开充分、有效的沟通。你说多少合适？什么依据？如何保证分配的公平性？如何保障大家说的都是心里话？因此，企业需要专业的咨询机构站在公司价值最大化的立场（既不站股东的立场，也不站在高管的立场）来协助股东与高管完成这轮沟通

续表

问题	典型案例	解析
激励水平问题	某高科技企业，股东希望通过股权激励来激发员工的工作热情，实现公司、员工的双赢，由公司人力资源部设计了一套股权激励方案：全员持股、分红激励、个人出资。由于方案的激励范围几乎到全员，激励水平很难具备行业和区域的竞争力，激励效果有限（更像是一个福利计划），最终导致员工不愿参与，方案不了了之	股权激励的关键除了沟通激励对象的意愿和预期外，还在于方案是否具有足够的激励水平，特别是对核心高端人才。激励水平定在120分位，来的就是120分位的人；定在60分位，来的就是60分位的人。在这一点上，通常建议企业对标高分位，因为未来企业在用人上一定是用人才"质"的概念，而不是"量"的概念。另外，需要强调的是，企业在未考虑清楚之前，通常不建议进行全员持股和分红激励
业绩考核问题	在业绩考核问题上，很多企业上市前的股权激励通常是没有业绩考核，上市后企业的股权激励通常是业绩考核定得较随意（要么低了，要么高了），激励对象在股权激励问题上没有业绩的概念，认为是理所当然的，股权激励做成了一个福利计划	股权激励作为一套长效的人才激励机制，是激励与约束的结合，业绩是根本。通常的激励逻辑是：业绩考核→公司业绩增长→高激励水平下的公司或股东现金及股权投入→激励对象个人收益实现。所谓股权激励为企业的战略目标实现服务，就是反映在业绩考核上。在业绩考核指标设计上，通常要结合行业特点以及企业所处发展阶段，为企业设计基于产业竞争和战略实现的业绩考核指标体系（包括公司层面、个人层面）

表4－12验证了我们之前所述：股权激励表面上看是技术问题、方案问题，本质上却是一次基于公司战略的深度对话与沟通。股权激励的本质和目标是建立起一套长效的人才激励机制，让核心管理团队在合理分享企业发展成果的同时，完成股东与股

东之间、股东与高管团队之间，以及高管团队内部关于公司未来事业发展的深度思考及沟通，进而通过“心理契约”的达成以及“长效激励机制”的保障，实现企业从“利益共同体”向“事业共同体”乃至“命运共同体”的成功过渡。

3. 把握股权激励的关键

何谓企业股权激励的关键？一般来说，要在价值理念、程序保障、专业理解这3个方面展开工作，见表4－13。

表4－13　股权激励存在的主要问题

问题	内容
价值理念	要牵引股东和管理团队树立一系列正确的价值理念：（1）端正“股东”的概念，在没有完成从一次创业到二次创业，实现产业扎根和管理范式之前，所有股东都是投入的概念，而不是享受的概念；（2）股权激励是一套长效、开放、循环的激励机制，不是短期福利计划，更不是套现、造富的手段和工具；（3）股权激励是一次在核心高管内部展开的关于事业发展终极沟通的最佳机会，把核心团队从利益共同体牵引向事业共同体，去思考我们的财富意味、事业意味、人生意味
程序保障	通过一系列方法工具、工作程序来保障股权激励的实施效果：（1）激励范围及激励对象确定；（2）行业激励水平的外部比对；（3）企业激励结构的内部评估；（4）股权激励实施基础分析；（5）理念宣贯；（6）岗位价值评估；（7）业绩考核指标设计；（8）股权激励方案设计；（9）财务及激励效果测算；（10）实施辅导
专业理解	股权激励的设计和实施涉及多个专业领域：公司治理、公司战略、资本运作、上市筹划、人力资源以及相关政策法规等。同时，股权激励机制的建立还必须要求对企业所在行业的发展规律、竞争要害，以及企业经营规律有深刻理解。因此，做股权激励项目通常会配备公司治理专家、战略专家、上市辅导专家、产业研究专家、股权激励专家等多领域专家组合，也只有这样，才能做好一个股权激励项目

在本章的末尾，我们不得不重复强调：一个好的股权激励计划，必须建立在理念端正、程序严谨和专业保障的基础之上，只有这样，股权激励才能切实起到激励效果，为企业的成长壮大奠定扎实的核心人才队伍基础。

第五章　企业破冰：实现股权增值，注重市值管理

一、股权价值与企业价值的区别

二、树立正确的市值管理观念

三、通过股权互换，实现连锁扩张

四、通过股权整合，实现品牌溢价

五、股权合并策略，扩大渠道资源

市值管理就是对上市企业的股票市场总价值进行管理，它是一种长效组织机制，致力于追求公司价值最大化，为股东创造价值，并通过与资本市场保持准确、及时的信息交互传导，维持各关联方之间关系的相对动态平衡。市值管理的核心是公司股东价值最大化，也就是说股东回报是首要的。因为只有保证股东得到足够的回报，公司才能受到资本市场的青睐，获得维持发展的资金，其他利益相关者才能从公司的持续发展中受益。

一、股权价值与企业价值的区别

一个理性的价值投资人，在投资之前，一般会先通过企业估值来判断所投企业的价值。在企业估值中，常用的两个指标是股权价值和企业价值。为什么会有两种指标？二者有什么区别？

1. 企业价值表达的两种方式

一家企业，为什么会同时涉及股权价值与企业价值？

解答这个问题之前，我们先普及一些商业常识：股权融资和债权融资。

股权融资和债权融资同为企业最为重要的融资渠道。如前所述，股权融资指企业股东愿意让出部分企业所有权，通过企业增资的方式引进新的股东。债权融资则是指企业通过借钱的方式进行融资，通过债权融资获得的资金，企业首先要承担资金利息，另外在借款到期后，要向债权人偿还资金的本金。

以股权融资方式投入资金的投资人，称为股东；以债权方式投入资金的投资人，则称为债权人。举例来说，你准备花1000万元在北京买套房，首付30%，剩余70%向银行贷款。买卖交易完成后，你是房子的产权所有人，也就是房屋的“股东”，你可以自住也可以出租；而为你提供贷款的银行是房子的债权人，享有房屋的抵押权，有收取利息和本金的权利。

一个企业的资产来源，除其自身创造的之外，在正常情况下，其余资产都是通过股东和债权人筹集而来。这无可厚非，是法律允许并且是资本市场喜闻乐见的。那些现状不错的企业，在需要扩张的时候，都会借款或对外发行股份，投入更大的蓝海之中。

因此，从股东与债权人这两类企业重要利益相关人的角度出发，企业的价值是不一样的：股东关心的是除去成本费用、利息税收，最终的剩余经营成果；债权人关心的则是企业的经营状况能否支撑按期支付利息和最终偿还本金。

2. 股权价值与企业价值的区别

正因为企业存在股东与债权人两种利益相关人，企业的价值也就有了股权价值与企业价值之分：股权价值反映了企业对股东而言所有业务的价值；企业价值代表了所有投资人感兴趣的企业核心业务价值。

股权价值所反映的是一家企业对股东的价值，每家上市公司股份都有明确的市场价格，企业总的对外发行股份数量乘以现在每股的市价就是股权价值，也就是我们常说的“市值”，反映了企业的整体价值。股权价值计量不仅关系到股东利益，还影响会计信息的相关性，采用不同的方法计量股东权益，必然导致不同的结果，根据资产价值属性选择恰当的方法计量股东权益价值尤为关键。现行的公允价值计量模式下，由于所有者权益的属性与计量模式之间存在逻辑上的缺陷，建议采用单一现行市价计量模式计量，反映资产、负债、所有者权益的交换价值，客观、准确反映所有者权益的市场价值。对于上市公司而言，股权价值应由股票交易市场决定，而不是取决于会计计量结果，对于非上市公司的股权价值则要通过市场法比较确定。

通过以上讲解，我们可以发现，无论是企业的债权人还是股东，都应关注企业的根本价值。而这两类重要的企业利益相关人，也被统称为企业的“投资人”，可以说企业价值正好代表了所有投资人感兴趣的企业核心经营业务的价值。

企业价值的计算公式如下：

企业价值 = 股权价值 + 企业的债务 + 优先股 +

少数股东权益 − 现金 − 投资

公式中，股权价值代表了普通股持有股东的利益，企业的债务、优先股和少数股东权益代表了其他投资人的利益。因此，该公式包含了所有投资人；优先股类似于负债融资，无论公司的经营成果如何，公司每年以固定数额的股息分配给这类投资人；最后减掉现金与投资两项，是因为这不是公司的核心业务。

举个例子，A 企业打算用 10 亿元收购 B 企业，而 B 企业有 1 亿元现金，当 A 企业收购完成后，实际上只支付了 9 亿元，而这 9 亿元就是这家公司的价值。

当然，企业必须保证必要的现金，才能正常运营其核心业务，这部分现金是不应该减掉的。但实际操作中很难认定该用多少现金维持核心业务运营，多少现金属于非核心业务，因此为了方便就全部减掉。另外，投资不属于大多数企业的核心业务（金融投资公司除外），因此这部分也应该减掉。

再用按揭买房的例子来做类比，我们考虑三种不同的情形：一是自己出钱 500 万元，从银行按揭 500 万元，房产总价值 1000 万元；二是自己出钱 300 万元，从银行按揭 700 万元，房产总价值 1000 万元；三是自己出钱 1000 万元，不用去银行按揭，房产总价值 1000 万元。从这三种情形我们可以看出，房产的总价 1000 万元是一直不变的，但对“房东”的价值是不同的。这 1000 万元可以看作企业价值，自己掏腰包的首付可以看作股权价值。所以结论是，无论买房用什么融资方式，房产价值是固定的。

对企业而言道理一样，企业可以通过股权融资，也可以通过债权融资，两者的比例可以千差万别，得出的股权价值也会随之变化，但企业价值是固定的。这样的好处在于，分析师评估一家企业时，不用太担心这家企业因融资方式的变化而影响企业的整体估值。

如果企业增加负债，会不会影响当时的企业价值呢？答案是不会的。原因是负债增加了 100 万元，现金也会增加 100 万元，按上面的公式一加一减，对企业价值毫无影响。

3. 股权价值与企业价值的联系

我们以股份全部流通的上市公司为例，讨论一下企业价值与企业市场价值的关系。

首先，企业价值决定企业的股权价值。一般认为，企业的整体价值由其股权资本价值和债务价值两部分组成。由于在股权资本中，优先股占的比例很小，为了研究方便，我们可将企业的股权资本价值简化为普通股价值；而对于债务来说，在利率风险和违约风险较小的情况下，其市场价格的波动也很小。所以，我们可以认为，在企业的资本结构不变的前提下，企业的整体价值越大，其股权资本的价值就越大。

其次，股权价值决定上市公司市场价值。在证券市场上，股票价格是各方关注的焦点，因为股票价格体现股东财富，也是其股权价值的体现。另外，股票价格实际上是投资者对企业未来收益的预期，是市场对企业股票价值做出的估计。根据市场的有效性假设，在市场强式有效时，投资者掌握完全信息，其对企业未来收益的预期与企业的实际情况完全相符，他们只会以与股票价值相等的价格买卖股票，此时，股票的价格与其价值相等。所以，在强式有效市场中，股票价格由股票的价值决定，而股票价值决定了上市公司的市场价值。

当然，在现实经济生活中，强式有效市场是一种理想的状态，但是，股票的价格总是围绕着其价值波动的。当股票价格高于价值时，投资者就会卖掉股票，使其价格趋向于价值；同理，当股票价格低于价值时，投资者就会买进股票，使其价格趋向于价值。

对上市公司而言，企业价值决定股票价值，而股票价值决定股权价值，所以，企业价值决定了企业的股票价格，也就是决定了公司的市场价值。这个结论的意义在于，企业价值不仅仅停留于投行的估算，而有了一个市场的定位。同时，对企业管理者而言，是否为企业创造了价值，也可以在市场上得到检验。

经典案例

唯品会

2012 年 3 月 23 日，唯品会赴美上市，寻求更大规模的融资及发展。但美国资本市场很不友好：唯品会上市首日发行 1100 万股，少于招股书中的 1120 万股；融资规模为 7150 万美元，也低于原计划的 1.2 亿美元。上市首日报收 5.5 美元，跌幅达 15.38%。一时间，国内外媒体恶评如潮，称其为“流血上市”。

面对各种质疑，唯品会创始人沈亚只用一句话回应：“该干什么就干什么，不会受此影响!”他坚持练内功，不为外界所动。为提高毛利，降低物流成本，他每天都开车到南海的仓库坐镇，主管仓储物流的副总裁唐倚智则直接把办公室设在仓库旁。最终，唯品会的配送模式由之前的直配模式改成了现在的“干线物流”模式。仅此一环，就使公司配送成本下降至此前的1/3，而这恰恰是电商模式中最大的成本。由此，唯品会迅速走出危机，迎来盈利，上市第二年即实现净利润5230万美元，股价自然水涨船高。上市的第二年，随着唯品会财报不断刷新战绩，其股票已成为中概股中的“大牛股”，市值从最初的12亿美元飙升至1200亿美元。唯品会也成为仅次于腾讯、百度和奇虎360的中国第四大市值的互联网公司。

二、树立正确的市值管理观念

目前，在市值管理方面，国内很多企业要么游走在法律的边缘，通过内外部勾结操纵股价，要么是出于机构利益（券商、媒体等）的考虑进行市值管理。在资本为王的时代，企业需要走出早期的产值管理、利润管理思维，向市值管理的理念做出转变，树立正确的市值管理观念，建立基于价值创造的市值管理方法体系，这样才谈得上可持续发展。

1. 转变旧有的市值管理观念

目前来看，影响我国上市公司股票市值的因素主要包括交易市场、行业、经营业绩、投资者关系、品牌溢价、法人治理、资本结构和公司重组八大因素，以及这些因素相互作用、互为影响的综合张力。由此可见，市值管理是一个大范围的概念，涵盖了多个方面，其中除了以往市场最为关心的股价之外，还包括各类的资本动作、财务安排，也包括逐渐被人熟知的投资者关系管理和媒体关系管理，而更为有效的市值管理还应当成为公司整体发展战略的重要组成部分。

以往的主流观点认为利润最大化是公司的经营目标，总资产、净资产和利税指标等数据是投资者关注的焦点。实践中，经理层绩效考核、收购与反收购能力比较、融资额的大小与成本高低、股东财富多寡乃至一国资本市场，无不与市值紧密相连。因此，随着资本市场的发展，上市公司市值管理已经与其产品管理、财务管理同等重要。在某些情况下，如公司有融资需求，以定向发行股票的方式支付并购对价、换股并购，在治理和决策事项上需要征得更多股东支持等，公司都迫切地需要通过市值管理来实现阶段性股价上涨。从这个意义上来说，市值管理已经成为上市公司的一种生存方式和成长机制。上市公司可以通过开展培训学习、市值管理研讨会等方式自上而下贯彻正确的市值管理观念，从董事会到管理层再到基层员工，使各个层面员工认识到自身工作与公司市值息息相关，使市值管理观念得到重视。

2. 市值管理的三个核心理念

学术化市值管理的核心在于“价值创造＋价值实现”，通俗地说就是“拿出业绩＋做好沟通”。“价值创造”是市值管理的基础，其内涵不仅限于经营收入、利润等指标的良好，更在于企业在内部治理、资本结构以及技术投入等方面的完善。“价值实现”体现的是对价值基础的放大作用，通过和专业的机构投资者以及分析师、公众投资者等的沟通和反馈，将价值基础拉到整个时间轴上进行评估，从而得到反映企业历史、现在以及未来的市值。

实战化的市值管理核心理念有三点：第一，要树立产融互动和创造 EVA（企业经济增加值）的经营理念。现在很多上市公司的老板将更多关注点放在供、研、产、销上面，缺乏产融有效互动的方法，以及把 EVA 创造而不是利润作为公司经营理念的意识。第二，帮助上市公司建立市值管理的经营体系。第三，在市值波动中进行价值实现，增加股东财富和公司竞争力，促进可持续增长。

第一个理念：树立产融互动和创造 EVA 的经营理念。

任何一家上市公司都是在两个市场进行经营：一是资本市场，这个市场的经营目标是市值；二是产品市场，这个市场经营目标的核心是利润。实际上很多上市公司经营的是产品市场，每天供、研、产、销，思考的都是利润问题，很少有上市公司能够有市值思维，更少有上市公司能够把这两种思维有效地融合。

市值管理的核心思维是：一家公司必须具备产业和资本两种思维，而且必须进行产融互动；必须认识到从企业核心竞争力和股东财富的角度来说，市值是终极指标，利润只是过渡性指标。利润做得不好会影响市值，这是经典的价值决定价格理论。但很少有人思考，反过来也是成立的，即市值的高低同样也会影响利润和企业发展。例如，一家上市公司，一直是行业第一，负责人之前一直认为自己踏踏实实做好实业，市值自然会上去。后来发现他的竞争对手通过市值管理方法市盈率比他高很多，反过来以很便宜的成本融了很多钱，再拿这些钱去做产业并购，未来可能还会超过他。这样的例子在证券实务中并不少见。

第二个理念：建立市值管理的经营体系。

广义的市值管理经营体系，也就是我们常说的“市值管理就是管理公司的一切”。简单来理解，一个公司的市值是净利润乘以市盈率的结果。如果是广义的市值管理经营体系，则是把和市值相关的所有影响净利润和所有影响市盈率的重要因素都有效地进行管理。

净利润的管理，一是通过并购基金的方式帮助企业成长；二是通过股权激励、精益生产、产品营销等服务，帮助上市公司降本增效。

影响市盈率的主要因素有以下几个：这家公司的产业布局和性质是怎样的？这家公司的商业模式是怎样的？核心能力是什么？企业家团队如何？

如果要进行市值管理，就要对影响净利润的因素做出相应的改变和优化调整，这是企业家每天都在做的事情。但是，很少有企业家考虑影响市盈率的几大因素，如股市周期、主题管理、4R管理能力、送转能力、股东结构、市值股价区间等。

第三个理念：在市值波动中进行价值实现。

这主要是增加公司竞争力，促进公司可持续增长。如在价格低于内在价值的时候做一些相应的资本经营动作，如增持、回购、股权激励等。因为这个时候买股票比较便宜，它低于内在价值。在价格高于内在价值时做一些相应的资本经营动作，如增发、换股并购、减持，这样就可以在市值的波动过程中提升公司竞争力。这样上市公司从资本市场获得了更低的融资成本，或者利用资本市场对股权的溢价定价去换取别的非上市公司的资产或者股权，从而增加公司的核心竞争力。

经典案例

海康威视“安全门”事件

海康威视是国内领先的监控产品供应商，面向全球提供领先的监控产品、技术解决方案与专业优质服务，其产品在北京奥运会、大运会、亚运会、上海世博会、60 年国庆大阅兵、青藏铁路等重大安保项目中得到广泛应用，连年入选“国家重点软件企业”“中国软件收入前百家企业”。但 2015 年 2 月 27 日晚，江苏省公安厅的一则特急通知将海康威视推上了风口浪尖，通知称海康威视生产的监控设备存在严重安全隐患，并被要求进行全面清查。对此，海康威视在回应速度、态度、动作节奏和完整性方面都展现出成熟的舆情管理机制。

首先，事件发生后，公司第一时间响应，运用正式的澄清公告、投资者说明会，以及官方微信公众号、官网等多个平台，确保公司声音和态度得到有效传播；其次，面对媒体采访，态度开放积极，口径一致，避免产生误读或更多猜疑的可能性；最后，通过行业专家及券商机构发出中立言论，使投资者意识到此次事件与公司产品质量无关，对公司业绩影响不大，股价若下跌是买入良机，增强了公司回应的可信度，对稳定舆情和投资者情绪起到重要作用。

三、通过股权互换，实现连锁扩张

股权互换，是指两家或两家以上的公司通过交换股权达到调整公司的股权比例、改善公司的股本结构、实现公司整合的一种方式。通过股权互换，双方或多方可建立起“你中有我，我中有你”的利益关联，从而实现连锁扩张。对双方企业的市值和估值来说，也都是很大的利好。

1. 股权互换的作用

在股权互换中，投资者以某种市场指数的形式得到收入，以LIBOR（或固定利率或其他市场指数）向互换交易商进行支付。这种交易形式最初是用来解决跨国投资中的问题的。例如，一个美国的投资管理人员想将投资组合中的30%投资于中国市场，他就会以相当于投资组合价值30%的本金，向互换交易商支付标准普尔500指数的收益，互换交易商则向他支付诸如上证指数的收益。

股权互换也是进入新兴市场的有效途径之一。这一结构使得投资者节约了佣金、印花税、清算费用和差价。对于那些由于法律或法规的原因，无法直接进入某个市场进行投资而又想在该市场上进行交易的投资者而言，这种互换形式尤其可行。

股权互换有多种结构形式。名义的本金可以是固定的，也可以是变化的。通过安排，协议双方都可以吸收或规避货币风险。

2. 股权互换在区域整合中的作用

目前，主流的区域股权整合主要集中在地市级层面。地市级区域市场的贴身竞争、相同政策环境以及供应商的区域政策等，决定了一个地市一家龙头连锁的配置最为合理。当整合范围扩大到省级乃至更大的市场，其难度和模式都迥然不同。其中规模较大、级别较高、上市愿景更明确的股权整合当属甘肃众友。

2015 年以来，甘肃众友以现金收购加股权互换的方式，在陕西市场进行了数十桩股权并购。众友模式类似于 2008 年由大参林推动的“上市大联盟”，大参林在各地区以现金注入和换股并购的方式发展合作连锁，控股 51% 以上，运作整体打包上市。在当前行业的资本热潮中，甘肃众友的股权并购模式受到了更多中小型连锁的青睐。

众友模式与其他区域股权整合相比，除了规模上的差异，整合发起方的强大实力也是重要先决条件之一，即由一家大连锁牵头，更容易得到其他中小型连锁的响应。在具体实践中，不可不察。

四、通过股权整合，实现品牌溢价

“整合”是当下的关键词之一，而股权则是其中重要的现象。当“整合”来袭，上市企业该如何通过股权整合，最终实现品牌溢价？从表面看，股权整合是技术层面的东西；实际上，其核心乃是对人性的参悟。

1. 整合的关键是信誉

整合的关键，在于联盟发起人的信誉和盈利能力，发起人需要有强大的信誉背书，能担负起联盟体系盈利的能力。此外，整合还需要考虑联盟体系的消化能力，需要明确是否有能力对整合进来的企业进行运营这个问题。

任何整合都是相互的，你整合我的终端资源，同时我也要整合你的上游供应链资源。只有整合双方形成互补，才能让合作走得长远。

2. 整合的必要条件是心齐

商业的一般表现形式是“以义聚，以利合”，合伙的形式有梦想的整合、利益的整合等。联盟一条心的关键在于学会将心比心，虽然站在合作者的角度考虑问题是困难的，但是要相信，任何付出都是有回报的。

整合必须要心齐，一群有格局、有高度的人在一起更容易成功。简言之，就是合伙人要有强烈的欲望，同时也要有实力。因此，选择合适的合伙人是关键，人品、价值观、信用等都是考量的标准。

总之，基于人心的股权整合，才能融人、融智、融心、融钱，也才能在此基础上实现彼此的品牌溢价。

五、股权合并策略，扩大渠道资源

运用股权合并策略，企业可以有效地扩大渠道资源，实现新的突破和发展。为此，这里结合案例讨论三个议题：利用优先股整合融进渠道资源；渠道 O2O 布局，实施股权置换策略；设立大客户股，激励大客户。

1. 利用优先股整合融进渠道资源

证监会发布的《优先股试点管理办法》包括 9 章 70 条，对优先股适用范围、发行方式及标准等进行了规定。优先股的出台，为企业打开了一条新的渠道，既是融资渠道，也是资源整合渠道。

例如，时代出版利用“优先股”等新型融资工具进行融资，将所属企业投放到新三板市场、区域性股权转让市场，并择机实施“非公开发行股票”或发行可转债，实现了资本与资源、市场、产业的嫁接。

中国电建在重组中则是以优先股方式配套募资，向不超过

200 名合格投资者非公开发行优先股，这种方式是创先河之举。通过溢价增发、承接债务和优先股配套融资，大大减轻了重组后上市公司每股收益摊薄的压力，同时体现大股东对公司未来发展的信心。

2. 渠道 O2O 布局，实施股权置换策略

这方面比较典型的例子是百度。2015 年下半年，百度 O2O 战略的动作尤为频繁，先后投资 e 袋洗、母婴电商蜜芽、中粮我买网等，并完成了与携程的股权置换，成立了 OTA 领域最大的联盟，建立在线旅游领域最大的利益共同体。而在高频消费 O2O 领域，百度也已然布局了糯米、外卖等业务，李彦宏曾表示未来 3 年为糯米投资 200 亿元。通过这一轮的投资布局，百度俨然已经形成了一个 O2O 商业帝国版图。而这些都属于广义的 O2O 战略，按照李彦宏的话：百度正在连接人和服务。

3. 设立大客户股，激励大客户

“我要以何种方式为哪些客户提供什么样的价值”，是商业模式设计中必须回答的问题，而设立大客户股，激励大客户，则是获取客户价值的重要手段。例如，位于中国天津滨海新区的博迈科海洋工程股份有限公司，公司前五大客户在该公司的股比超九成，这对企业的发展壮大和市值管理无疑是有益的。

第六章　掌控“财命”：股权投资赢得财富

一、投资前的准备

二、股权投资收益税收的筹划技巧

三、股权投资全流程：募集、投资、管理、退出

四、股权投资常见的7种退出方式

五、投资风险和管控

股权时代，一个人有没有“财命”，关键要看是否拥有股权；而掌控“财命”的主要手段，就是股权投资。也就是说，做好股权投资，就能赢得财富。掌控股权需要解决好下面几个问题：把握好股权投资原则；回答好股权投资十问；掌握趋势并拥有专业水平；税收筹划；熟知股权投资全流程；熟知股权投资退出方式；透视私募股权融资逻辑；做好风控。对于这些问题，本章特以列表的形式展示，一目了然，以便结合前文进行理解。

一、投资前的准备

对投资者来说，怎样在通货膨胀、财富贬值的大背景下保住你手中的钱袋子？如何投资才能使得财富保值和增值？下面先列举股权投资的好处（表6－1），然后给投资者提出股权投资前的几点参考意见和建议（表6－2）。

表 6－1　股权投资的好处

好处	内容
股权投资会带来意想不到的收益	股权投资，实际上选的是好的企业、好的团队、好的成长空间。随着时间的推移，好的企业会发生翻天覆地的变化，会给投资人带来确定性的高回报，这是日积月累的结果。投资时间越长，投资人获得收益的倍数或确定性越高，这是股权投资的特点。做股票投资的人都希望买到公司的原始股，成本很低。而股票投资的非专业人士或机构很难长期持有一个优质公司，一是因为如何选出优质公司他们并不擅长；二是选出后如何忽略市场波动而长期持有优质公司，这点很少有人做到
股权投资实际上是在制造股票	对于二级市场来说，投资的是原始股，会有很高的倍数空间，投资成本很低，比较安全。在大众创业、万众创新的背景下，我们利用资本市场投资到更好的公司，把它们推向资本市场，为资本市场带来更好的企业收入，同时我们也赚取更好的投资回报：第一，赚取一、二级市场之间的估值差异；第二，赚取公司从规模较小到成长为体量较大的高成长性的收益
股权投资是资本市场皇冠上真正的明珠	从规模来看，中国一年的股权投资规模在 2000 亿元左右，上市公司定向增发大概 7000 亿元的规模，这些定向增发的绝大多数资金做了并购，也是对公司的增量投资。而股票投资一天的交易量就在一两万亿元的规模。从这些巨大的数量差异可以看出，股权投资是资本市场皇冠上真正的明珠，站在最高点上，只有少数人能参与
股权投资是未来投资的趋势	事实上，所有的社会价值都要靠实体经济引领。而股权投资就是投资到实体经济，它也会享受到最大的发展红利，会比金融市场和资本市场其他类别的投资赚到更多钱

表 6－2　给投资者在股权投资前的几点参考意见和建议

建议	内容
量力而为	股权投资的特性是高风险、高回报，所以理性的投资策略是将股权投资作为投资配置的一部分，而不应该将全部的资金都集中于股权投资

续表

建议	内容
考虑股权投资的期限，避免期限错配	股权投资的期限通常超过1年，大多股权投资期限为1~3年，有些甚至长达10年。个人投资者必须了解所参与股权投资的投资期限，所投入的资金需与之相匹配。否则，用短期的资金去参与中长期的股权投资，必然会出现流动性的问题
自有资金投入的原则	股权投资期限长、风险高的特点决定了普通的个人投资者应该坚持以自有资金参与的原则。若采取融资投资，虽然会产生收益的杠杆效应，但是也同样会导致风险的叠加。作为普通投资者，在自己可以承受的限度内参与股权投资，应该是最佳的选择

当前，股权投资几乎称得上中国最赚钱的商业模式。当然，并不是所有人都能满载而归。进行股权投资之前，还要回答好以下10个问题，见表6-3。

表6-3 股权投资十问

序号	内容
1	这个行业的成长天花板在哪里？成长的持续性如何？
2	这个行业的竞争结构如何？
3	这个行业对潜在进入者的门槛如何？
4	到哪些圈子可以找到好的项目？
5	找到的项目能做到哪些别人做不到的事情？
6	项目谈到的事情，能重复、持续地做吗？
7	投资决策时，最看重的依据是什么？
8	股权和约束性条件，应该如何设立？
9	如何做到“只帮忙，不添乱”？
10	哪个时间是合适的退出时机？

二级市场的中小板推出以后，为民营企业资本化打开了一个新的通道。特别是创业板推出以后，直接把创业投资、股权投资

这个市场彻底激活了，人们干脆称其为 Pre - IPO 时代，当时有句名言：“只要能上市，价格无所谓。”但风险无处不在，IPO 突然一下就停了，一批激进派投资机构遭受了沉重打击。可新三板推出后，又出现了新的生机，可谓绝处逢生。但是，在后 Pre - IPO 时代多变的形势下，做股权投资必须把握经济趋势，同时要有专业知识和专业态度，这些是基本功，见表6－4。

表6－4　股权投资基本功

事项	内容
找对方向	找对方向，“选优”为先。对于企业的快速发展，PE 股权投资品牌的核心竞争力首先表现在“选优”的能力上，只有具有了沙里淘金的能力，才能够确保 PE 股权投资基金业务整体沿着正确的道路前行
用对力量	用对力量，“培优”为主。与一般的 PE 股权投资机构不同，应该不仅着力于选好产业、找好项目，还要集中资源，用于投后管理和投后宣传等方面，确保投资者的利益
找对时机	找对时机，“抓优”为重。目前，国内很多规模小、资历浅、专业素养较低的 PE 股权投资机构存在目光短浅、急功近利的问题，这样的 PE 股权投资机构往往不能够正确评估出投资及撤出的最佳时机，经常会在错误的时间做出错误的动作，导致投资者错失盈利良机。专业的投资专家队伍，在评估投资风险、预测投资收益方面具有独到优势和可信赖的专业能力，往往会在一个具有发展潜质的企业和项目刚刚诞生之际就能够精准判断出能不能投、投多少、怎么投以及 PE 股权投资基金产品的优化搭配结构。当优质企业和优秀项目在握时，能对 PE 投资项目进行实时跟踪及动态评测，确保将市值具有增高趋势的产品紧紧“抓”在投资者手中

经典案例

18 万变 3 个亿

真格基金的创始人徐小平先生在投资圈拥有非常好的口碑，

产生了很大的影响，也有过很多成功案例，聚美优品便是其一。聚美优品由陈欧、戴雨森、刘辉三位海归学子创立于2010年，他们首创了“化妆品团购”概念：每天在网站推荐几百款热门化妆品，并以远低于市场价的折扣限量出售，坚持以用户体验为最高诉求，承诺“100%正品”“100%实拍”和“30天拆封无条件退货”。通过口碑传播，聚美优品迅速成为近年来国内发展速度最快的电子商务公司之一。2014年5月，聚美优品上市后，当时只有31岁的陈欧成为内地最年轻的上市公司CEO。而作为聚美优品最早期的投资人，徐小平以18万美元获得了聚美优品10%的股份。聚美优品上市首日，徐小平在这个项目上的账面收益达到近3亿美元，回报率接近1000倍。这就是股权投资的魅力。

二、股权投资收益税收的筹划技巧

企业股权投资收益的取得主要有以下两种方式：第一，企业通过股权投资，从被投资企业所得税后累计未分配利润和累计盈余公积金中分配取得的股息、红利性质的投资收益；第二，企业因转让或处置股权投资的收入，减除股权投资成本后的余额，为企业股权投资转让所得或损失。但股权投资收益税收筹划有何技巧？一般来说，企业要根据国家陆续出台的一些相关涉税政策予以筹划，见表6－5。

表6－5　政策依据下的股权投资收益税收筹划

要点	内容
共担投资风险、不征营业税	《财政部、国家税务总局关于股权转让有关营业税问题的通知》（财税〔2002〕191号）规定，以无形资产、不动产投资入股，参与接受投资方利润分配，共同承担投资风险的行为，不征收营业税，对股权转让不征收营业税

续表

要点	内容
共担投资风险、不征营业税	《国家税务总局关于以不动产或无形资产投资入股收取固定利润征收营业税问题的批复》（国税函发〔1997〕490号）规定，根据《营业税税目注释》的有关规定，以不动产或无形资产投资入股，与投资方不共同承担风险，收取固定利润的行为，应区别以下两种情况征收营业税：（1）以不动产、土地使用权投资入股，收取固定利润的，属于将场地、房屋等转让他人使用的业务，应按“服务业”税目中“租赁业”项目征收营业税；（2）以商标权、专利权、非专利技术、著作权、商誉等投资入股，收取固定利润的，属于转让无形资产使用权的行为，应按“转让无形资产”税目征收营业税。综上所述，共担风险构成实质性投资的，对无形资产、不动产投资不征收营业税；收取固定收益，不共同承担风险，构成非实质性投资的，应按规定对无形资产、不动产投资征收营业税
股权持有期间不得调整资产计税基础	《中华人民共和国企业所得税法实施条例》第五十六条规定，企业的各项资产，包括固定资产、生物资产、无形资产、长期待摊费用、投资资产、存货等，以历史成本为计税基础。前款所称历史成本，是指企业取得该项资产时实际发生的支出。企业持有各项资产期间资产增值或者减值，除国务院财政、税务主管部门规定可以确认损益外，不得调整该资产的计税基础。 《中华人民共和国企业所得税法》第十四条规定，企业对外投资期间，投资资产的成本在计算应纳税所得额时不得扣除。但是《企业所得税法实施条例》第七十一条第二款规定，企业在转让或者处置投资资产时，投资资产的成本，准予扣除。也就是说，企业在取得投资资产环节应确认取得资产的计税基础，并在资产转让或处置时，作为计税成本扣减资产的转让或处置收入。企业持有资产期间的减值或增值，原则上不得调整该项资产的计税基础。对外投资的成本不得折旧和摊销，也不得作为投资当期的费用直接在税前扣除。 需要注意的是，《中华人民共和国企业所得税法实施条例》第七十一条第三款规定，投资资产按以下方法确定成本：（一）通过支付现金方式取得的投资资产，以购买价款为成本；（二）通过支付现金以外的方式取得的投资资产，以该资产的公允价值和支付的相关税费为成本

续表

要点	内容
股权处置佣金可按比例在所得税前扣除	《财政部国家税务总局关于企业手续费及佣金支出税前扣除政策的通知》（财税〔2009〕29号）规定，企业发生与生产经营有关的手续费及佣金支出，不超过以下规定计算限额以内的部分，准予扣除；超过部分，不得扣除。保险企业：财产保险企业按当年全部保费收入扣除退保金等后余额的15%（含本数，下同）计算限额；人身保险企业按当年全部保费收入扣除退保金等后余额的10%计算限额。其他企业：按与具有合法经营资格中介服务机构或个人（不含交易双方及其雇员、代理人和代表人等）所签订服务协议或合同确认的收入金额的5%计算限额。 需要注意的是，财税〔2009〕29号文件还规定，企业应与具有合法经营资格的中介服务企业或个人签订代办协议或合同，并按国家有关规定支付手续费及佣金。除委托个人代理外，企业以现金等非转账方式支付的手续费及佣金不得在税前扣除。企业为发行权益性证券支付给有关证券承销机构的手续费及佣金不得在税前扣除。企业不得将手续费及佣金支出计入回扣、业务提成、返利、进场费等费用。企业已计入固定资产、无形资产等相关资产的手续费及佣金支出，应当通过折旧、摊销等方式分期扣除，不得在发生当期直接扣除。企业支付的手续费及佣金不得直接冲减服务协议或合同金额，并如实入账

三、股权投资全流程：募集、投资、管理、退出

股权投资分为4个阶段，就是我们通常所说的募集、投资、管理和退出，见表6－6。

表6－6 股权投资四阶段：募集、投资、管理和退出

阶段	内容
募集	基金的募集通常采用有限合伙的架构。之所以采用有限合伙企业，是因为有限合伙的企业才征一次税，就是在退出的时候个人投资者只交个人所得税。如果是有限责任公司，会涉及两层税制，有限公司要交企业所得税，在分红的时候还要收个人所得税。有限合伙的模式同时要有一个基金管理人，基金管理人一般也会投入一些资金到这个基金里面，基金管理人再对这个基金进行管理。目前基金主流募集的对象有个人投资者、机构投资者、专业的母基金、政府引导基金等
投资	基金的投资需要判断项目，其方法有“望闻问切”一说：望，看一个项目的时候首先要望，你到这个企业去观察一下具体的情况，看一下他的团队怎么样、他的财产怎么样、他的经营现状如何；闻，你要去拜访客户、拜访同行，倾听客户的一些客观评价；问，对这个企业高管、员工进行访谈，通过他们的口述来得出这个企业实际的经营状况；切，结合上面的情况，再根据公司提供的一些财务资料、销售资料、生产资料，做出判断

续表

阶段	内容
管理	管理分为两部分：一是投资的增值服务，一般包括资源整合，首先可把已经投的兄弟公司做资源整合；人才引进，可以接收一些好的人才；商业模式的梳理；融资上市，融资也需要得到大家的支持；等等。二是融资的管控和管理，一般包括财务资料三表；通过银行流水看公司的真实情况；人力资源的材料如进出的情况、离职人员、经营数据
退出	并购的时代已经来临，并购将是未来主要的退出方式。有人认为80%的相关人士会通过并购退出，这个观点是成立的。并购相比上市会容易一点，难度也要小一点，并购的速度会比较快。成熟的市场，如美国，只有20%能上市。所以几百倍、几千倍、几万倍的收益率，在并购时代可能会越来越小

具体到私募股权投资，也就是通过私募形式对私有且非上市的企业进行权益性投资时，还要附带考虑将来的退出机制，即通过上市、并购或管理层回购等方式，出售持股获利。下面我们用“1234”这四个数字来解密私募股权投资的投资逻辑，见表6－7。

表6－7　私募股权投资背后的“1234”数字密码

事项	内容
1个标准：成长性是投资的核心标准	投资从本质上来说就是投资未来，只有项目具备良好的持续成长性，投资才能成功，因此成长性是核心。企业成长性可以从以下几方面衡量：一是看企业“离天花板的距离”；二是看企业中人的因素，包括企业家和核心人员；三是看企业的技术能力；四是看企业的发展历史；五是看企业所处生命周期
2元维度：事为先、人为重	做投资很重要的一点就是要尊重一般事物的发展规律，而非寻找特殊性
	在投资参考标准上，人与事孰重孰轻的争论一直存在，有些人可能认为人是创造一切事情的起源，任何行业中的企业都有好有坏，因此人是决定企业成败的关键；另外一些人认为行业（事情）天生就有优劣之分，只有选择对了行业（事情）的时候，人的因素才起到区分优劣的作用

续表

事项	内容
3 种方法：辩证法、比较法、加减法	哲学上的辩证法有三个基本规律：一是对立统一规律。在投资企业过程中，需要聚焦于企业发展核心驱动力，即内因；外因则是推动企业发展与阻碍的外在条件。二是质量互变规律。度在量变与质变过程中尤其重要，投资一样需要拿捏好度，要辩证地去看某些行业的冷与热。企业不同成长阶段的价值评估与投资谈判，时机与度的把握尤其关键。三是否定之否定规律。投资决策的过程也是动态和规律的，也需要经历肯定→否定→否定之否定的循环过程，多次的论证与考察是成功投资的必要保证
	比较法是了解企业优劣势最直接的方法。在实践中，获取真实有效的企业信息是比较法的关键，一般通过与同行业的上市公司进行对比来获得。一般对比分析主要从发展历程、业务与产品、商业模式、技术和客户、财务指标等几个方面进行
	影响投资的决策因素有很多，根据实际操作中大致判断，每个影响因素设计权重（有利因素为正数，不利因素为负数，不同因素权重不同）进行一定的定量投资决策。针对不同行业，此法有不同的评判体系
4 类思维：生态系统、周期性、极限与常识、经济护城河	人类所在的地球是多种物质和生物相融合的大生态。同样，在投资界也存在投资的生态系统，在这个投资生态系统中，参与方不能过多地去侵害其他方的利益，一时的得利或造成整个系统的破坏，最终自己也无法生存。投资不能打破原有的商业生态循环，只有使得原有的生态系统更好的投资才是值得的，也是有价值的投资
	周期性投资需要从宏观周期、企业发展周期、企业家经营及生命周期3 个方面来进行综合考虑。一是宏观周期，需要把握政治、经济、产业、资本市场等宏观周期，结合历史，搞清现状，研判趋势，最大可能地把握未来发展方向，尽量避免做逆势而为的投资。通过对宏观周期分析，做周期性投资，决定投资方向（哪些行业）、投资规模、投资时间和速度（总时长和投资速度等）。二是企业发展周期，企业就像行业和产品一样，也有发展周期，有的阶段创造利润，有的则消耗利润。明确判断拟投企业目前处于哪个阶段，对于投资成败至关重要。三是企业家经营及生命周期，每个企业家因气场、学习能力、性格特点及身体状况不同而能把企业带到多高多远都是有所不同的，要充分调研与摸清拟投企业家能把企业带到什么高度，能否符合我们所期望的投资回报。企业家是有生命生理周期的，30～50 岁是其创业和做事业的最佳年龄段，考察企业家的做事激情、身体健康状况也是投资成败的重要因素

续表

事项	内容
4类思维：生态系统、周期性、极限与常识、经济护城河	在投资中，有很多高学历、高智商的投资人沉浸于行业分析、技术先进性分析、商业模式、投资模型估算中，喜欢搞过于理想化的分析，忽视或者无视普通百姓都知道的极限与常识
	经济护城河也就是我们所说的壁垒，护城河从投资角度看应着眼于长期竞争力，而非短期的高成长。真正的护城河是更容易产生长期的高资本回报率的壁垒，主要是从价格与成本两个层面形成5个重要的壁垒：无形资产、顾客转换成本、网络效应、成本优势、规模成本优势

四、股权投资常见的7种退出方式

所谓退出，是指股权投资机构或个人在其所投资的创业企业发展相对成熟后，将其持有的权益资本在市场上出售以收回投资并实现投资收益的过程。中国股权投资历经20余年的蓬勃发展，已经形成了7种常见的退出方式：IPO、并购、新三板挂牌、股转、回购、借壳、清算，见表6－8。

表6－8 股权投资的7种退出方式

退出方式	内容
IPO退出：投资人最喜欢的退出方式	在证券市场杠杆的作用下，IPO之后，投资机构可抛售其手里持有的股票获得高额收益。对企业来说，除了企业股票的增值，更重要的是资本市场对企业良好经营业绩的认可，可使企业在证券市场上获得进一步发展的资金
并购退出：未来最重要的退出方式	并购指一个企业或企业集团通过购买其他企业的全部或部分股权或资产，从而影响、控制其他企业的经营管理。并购主要分为正向并购和反向并购：正向并购是指为了推动企业价值持续快速提升，将并购双方对价合并，投资机构股份被稀释之后继续持有或者直接退出；反向并购就是以投资退出为目标的并购，也就是主观上要兑现投资收益的行为。通过并购退出的优点在于不受IPO诸多条件的限制，具有复杂性较低、花费时间较少的特点，同时可选择灵活多样的并购方式，适合于创业企业业绩逐步上升，被兼并的企业之间还可以相互共享对方的资源与渠道，这也将大大提升企业运转效率

续表

事项	内容
新三板退出：最受欢迎的退出方式	新三板的转让方式有协议转让和做市转让两种。协议转让是指在股转系统主持下，买卖双方通过洽谈协商，达成股权交易；而做市转让则是在买卖双方之间再添加一个居间者“做市商”。对企业来说，鉴于新三板市场带来的融资功能和可能带来的并购预期、广告效应以及政府政策的支持等，是中小企业比较好的融资选择；对机构及个人来说，相对主板更低的门槛及其灵活的协议转让和做市转让制度，能更快实现退出
借壳上市：另类的IPO退出	所谓借壳上市，指一些非上市公司通过收购一些业绩较差，筹资能力弱化的上市公司，剥离被购公司资产，注入自己的资产，从而实现间接上市的操作手段。相比正在排队等候IPO的公司而言，借壳的平均时间大大减少，在所有资质都合格的情况下，半年内就能走完整个审批流程，借壳的成本方面也少了庞大的律师费用，而且无须公开企业的各项指标
股权转让：快速的退出方式	股权转让指的是投资机构依法将自己的股东权益有偿转让给他人，套现退出的一种方式。常见的如私下协议转让、在区域股权交易中心（即四板）公开挂牌转让等。证监会对股权转让这种收购方式持鼓励态度，并豁免其强制收购要约义务，虽然通过协议收购非流通的公众股不仅可以达到并购目的，还可以得到由此带来的价格租金，但是在股权转让时，复杂的内部决策过程、烦琐的法律程序都是影响股转成功的因素，而且转让的价格也远远低于二级市场退出的价格
回购：收益稳定的退出方式	回购主要分为管理层收购（MBO）和股东回购，是指企业经营者或所有者从直投机构回购股份。总体而言，企业回购方式的退出回报率低但比较稳定，一些股东的回购甚至是以偿还类贷款的方式进行，总收益不到20%。企业通过回购退出可以保持公司的独立性，避免因创业资本的退出给企业运营造成大的震动，企业家可以由此获得已经壮大了的企业的所有权和控制权，同时交易复杂性较低，成本也较低。通常此种方式适用于那些经营日趋稳定但上市无望的企业
清算：投资人最不愿看到的退出方式	清算是一个企业倒闭之前的止损措施，并不是所有投资失败的企业都会进行破产清算，申请破产并进行清算是有成本的，而且还要经过耗时长、较为复杂的法律程序。破产清算是不得已而为之的选择方式，优点是尚能收回部分投资。缺点是显而易见的，意味着本项目的投资亏损，资金收益率为负数。这也是广大投资者最不愿意看到的退出方式

总体而言，各种退出方式各有优缺点，具体方式的选择还要根据市场情况、投资策略等进行决定。对于广大投资者而言，最重要的还是关注团队的整体实力、投资理念及投资项目，才能获得最满意的投资回报。

五、投资风险和管控

投资风险是指对未来投资收益的不确定性，在投资中可能会遭受收益损失甚至本金损失的风险，主要有购买力风险、财务风险、利率风险、市场风险、变现风险、事件风险等。而风险控制是指风险管理者采取各种措施和方法，消灭或减少风险事件发生的各种可能性，或者减少风险事件发生时造成的损失。风险控制的4种基本方法是风险回避、损失控制、风险转移和风险保留，见表6－9。

表6－9　投资风险类型与管控方法

事项	内容
六种主要投资风险	购买力风险：资本社会及经济繁荣的社会，通货膨胀显著，金钱购买力会渐渐降低。人们将现金存入银行收取利息，会担心物价上升，货币贬值，所以人们要投资股票、地产或其他，以保持货币的购买力
	财务风险：就事论事，当投资者购入一只股票，该公司业绩欠佳，派息减少，股价下跌，这就是他的财务风险。因为有此风险，有些人索性将资金存入银行，收取利息，以减少财务风险

续表

事项	内容
六种主要投资风险	利率风险：买入债券后，其价格会受银行存款利息影响。一般来说，当银行存款利息上升，投资者就会将资金存入银行，而债券价格会相应下跌。这种因利率水平改变而遭受损失的可能性，称为利率风险
	市场风险：市场价格常常会出现波动，每天都有不同的市价。市价的波动，受经济因素、心理因素、政治因素影响，甚至同时受以上 3 种风险影响。这就是市场风险
	变现风险：当买入的股票未能在合理价格下卖出，不能收回资金，也是一种风险。理性的投资目标是，能随时在合理股价下收回资金。这就需要挑选变现性强的股票。如果某股票以每股 10 元的价格买入，在每股 5 元的价格下才能迅速售出，就不能算是一只好的变现股票
	事件风险：事件风险往往与财政及整体经济形势无关，但事件发生后，会对该股价形成沉重打击。这种事件风险通常都是突如其来的，不可预见
风险控制的四种基本方法	风险回避：当投资项目风险潜在威胁发生的可能性很大，不利后果也比较严重，而且又无其他策略可采用时，可通过主动放弃项目、改变项目目标与行动方案来规避风险
	风险控制：在实施风险控制策略时，最好将项目每一具体风险都控制在可以接受的水平上，单个风险减轻了，整体风险就会相应降低，成功的概率就会增加
	风险转移：其目的是通过若干技术手段和经济手段将风险部分或全部转移给其他人承担
	风险自留：对一些无法避免和转移的风险，采取现实的态度，在不影响投资者根本或局部利益的前提下，将风险自愿承担下来